風格四論

生活美學與形象競爭力

四論

原來／著

　　原來的風格是簡潔扼要、精緻有型、創意玄妙、寓意深遠。這是四個時期的風格特色，不斷的發展，不斷的修飾，不斷的精進，不斷的蛻變，不由得讓我想起蘇東坡廬山詩偈的第三首詩「廬山煙雨浙江潮，未到一般恨不消，到得原來無別意，廬山煙雨浙江潮」。原來就是如來！

　　他不只是精研理論，更是一個親身實踐者。他的風格四論，就是他個人親身體驗實踐的結晶。古人說：文如其人。讀原來的風格四論，如同閱讀原來這個人一般真實可觸摸。

　　原來就讀國立台灣師範大學美術系博士班，指導教授為黃光男教授；我一直任教於台師大社教系，原來不只旁聽我的課，乾脆選修我的課，讓人誤以為他是社教系的學生。他的博士論文題目就是為霹靂布袋戲主持公道，在本

書中的內容就是論文中的一小片段，竟能成為風格塑造的實例，也讓我對原來的創意思考更加佩服。

風格四論針對風格的塑造、競異、遞嬗、體驗等四個面向分別加以闡述，理論耙析，條理分明；實例佐證，親切易懂。本書對於理論與實務工作者，都是難得一見的實用手邊書。我個人研讀原來的幾本小書之後，已經無可救藥地沉迷成為他的粉絲了，特別將自己的體驗分享給眾多想要型塑個人與群體風格的同好們。

國立臺灣師範大學社會教育所教授

林振春謹識於三品羊舍

2012.08.01

以風格符碼創造時尚潮流

　　每次當我要搭高鐵北上或南下開會，總喜歡在上車前，自然而然地走向 Starbucks coffee 櫃台點一杯拿鐵（Latte）咖啡，站在月台候車時，看到許多旅客也人手一杯；然後上了車，在飄散的咖啡香氣中聊聊天、閱讀或休息，這不就是一種生活態度、一種風格型態！

　　「風格」，是近年來時尚界探討研究的重要議題，如同史都華・艾文（Stuart Ewen）所言：「風格是一種基本的資訊型態，會影響我們對社會的認知方式」。而「時尚」則是一種行為態度、一種生活風格，一種選擇；「時尚」也是一個時代與文化的寫真，密切呼應著當代社會潮流與文化現象。

　　展讀原來教授的《風格四論》，書中分別以風格塑造、風格競異、風格遞嬗及風格體驗四大面向，深入探討

現代風格的理論與實務，並融入生活美學及時尚元素，建構出一種蘊含「風格美感經濟學」的模型。這本書很值得大家閱讀參考，更期待未來能進一步以風格符碼創造時尚潮流，引領時尚界深化風格美感，開創美學經濟新契機。

明道大學時尚造形學系主任

林勤敏　謹識

2012/08/12

自序

　　風格，這個字變成「名牌」了，任何地方只要使用「風格」兩字，就覺得有格調許多；但是每一次我見到這兩個字的時候，就覺得不太實在，大多數的作者多是拿「風格」兩字就直接套用於自己想要闡述的物件或是論點上，似乎沒有人有心要徹徹底底地探究「風格究竟是何物」，我看，我就來做這檔子事吧！

　　查閱中西古籍談論風格，思考風格展現的各個面向，最後確定了這四大討論的主題，風格塑造，這涉及文化生態學的領域；風格競異，探討市場行銷的差異化議題；風格遞嬗，從趨勢變遷談風格轉型改變的事實；風格體驗，是當今最熱門的體驗行銷；這四大面向幾乎就涵蓋了風格從「出生到成年」的多種面貌。

　　我希望這些的論述能夠幫助您對於「風格」有更廣

泛的了解，並且能夠清楚地掌握與調整自己正在處理的
案件。

本書的章節篇幅極短，都是點到為止，這和我講課
的風格相似，不多贅字，各章節之後另有一篇文章實例舉
證，以補實該章節論述之不足；當然，這篇「自序」也是
一樣，極短。

敬請各位盡量享用風格盛宴。

原來　謹誌

於明道大學

二〇一二年六月二十二日

目次

推薦序1／林振春　003

推薦序2／林勤敏　005

自序　007

導論　東西方風格自古至今　013

第 1 章　風格塑造　023

　　風格塑造補實

　　──臺灣布袋戲風格生成之環境與其演進簡史　034

第 2 章　風格競異　051

風格競異補實
——差異化思維開拓市場規模，也引領流行風潮　061

第 3 章　風格遞嬗　069

風格遞嬗補實
——59家世界知名企業及品牌形象遞嬗實例　077

第 4 章　風格體驗　143

風格體驗補實
——消費行為之極致，奢華式的體驗行銷　161

導論

東西方風格自古至今

　　風格，現在到處見得到，好像用了這個詞，就很有感覺似的。風格到底是什麼意思，文字溯源，了解該詞句的來龍去脈，正如以古為鑑，我們才能更精準地掌握其意旨。

　　中國古代「風格」用於談論人品和氣質，如葛洪《抱朴子‧疾謬》：「以傾倚屈申腳者為妖妍標秀，以風格端嚴者為田舍朴騃。」[1]《抱朴子‧行品》：「士有行己高簡，風格峻峭。」[2]劉義慶《世說新語‧德性》：「李元禮風格秀整，高自標持，欲以天下名教是非為己任。」[3]

---

[1]　李中華注譯（1996）。新譯抱朴子（下）七十卷。台北市：三民，頁319。

[2]　李中華注譯（1996）。新譯抱朴子（下）七十卷。台北市：三民，頁269。

[3]　劉義慶（南朝‧宋）；劉孝標注（梁）；朱鑄禹彙校集注（2002）。世說新語彙校集注。上海：上海古籍出版社，頁5。

《晉書・和嶠傳》亦言：「嶠少有風格，慕舅夏侯玄之為人，厚自崇重，有盛名於世。」[4]而曹魏所定的九品中正制，當時對於人的才性往往從他的風度與品格來衡量，九品中正制將舉官察吏的標準定在品行情操上，而衡量其高下的唯一尺度是儒學的仁義忠孝[5]，因此「風格」乙詞在中國古代的本義就是描述一個人的韻度格量與品鑑。

好巧不巧，法國重要的思想家布豐（喬治－路易・勒克萊爾，布豐伯爵 Georges-Louis Leclerc, Comte de Buffon, 1707-1788）曾言：「風格是人的自身」（The style is the man himself）[6]。距今兩百多年前說的話，簡潔明白，正如「文如其人」一樣，文章的風格反映了作家的個性與人

---

4   商務印書館《四庫全書》出版工作委員會編（2006）。文津閣四庫全書。北京：商務印書館，頁0250-490。

5   薛林軍、馬曉霞（2009）。中國古代人才選拔制度的變革及其對教育的影響。山西高等學校社會科學學報。21（7），頁125-127。

6   該句話擷取自瘂弦主編（1970）。風格之誕生。台北市：幼獅文藝社，該書之目錄前名人語錄（無頁碼）。另一本書，顏瑞芳、溫光華（2002）。風格縱橫談。台北市：萬卷樓，頁6。收錄布豐在1753年發表的〈論風格——在法蘭西學士院為他舉行的入院典禮上的演說〉之部分內容：「作品裡所包含的知識之多，事實之奇，乃至發現之新穎，都不能成為不朽的確實保證；……如果他們寫得無風致，無天才，毫不高雅，那麼他們就會是湮沒無聞的，因為，知識、事實與發現，都很容易脫離作品而轉入別人手裡，……這些東西都是身外物；風格卻就是本人。因此，風格既不能脫離作品，又不能轉借，也不能變換。……」

格；在風格與主、客體的關係上，布豐強調的是主觀個性的作用。

俗語亦言「人心不同，各如其面」，每個作家、藝術家都有各自不同的面貌，這就是藝術個性，擁有各異其趣的風格與表現，具有「不能轉借」的獨創性；自晉宋以來，以「風格」來評論文章就經常見到，例如比法國思想家布豐還早一千兩百多年即論述風格的劉勰《文心雕龍‧議對》：「漢世善駁，則應劭為首。晉代能議，則傅咸為宗。然仲瑗博古，而銓貫有敘；長虞識治，而屬辭枝繁；及陸機斷議，亦有鋒穎，而腴辭弗翦，頗累文骨，亦各有美，風格存焉。」[7]顏之推《顏氏家訓‧文章》：「古人之文，宏材逸氣，體度風格，去今實遠。」[8]這時候的「風格」意指作家的才情稟性貫注於作品之中，所具體表現出來的一種整體藝術形貌與美學特徵。

唐代文藝發達，風格成熟的作家甚眾，談風格的人也多起來。杜詩「座中薛華善醉歌，歌辭自作風格老」，皮日休《論張祜》：「及老大，稍窺建安風格」，

7　劉勰著（南朝‧梁）；詹鍈義證（1989）。文心雕龍義證。上海：上海古籍出版社，頁895。
8　檀作文譯注（2007）。顏氏家訓。北京：中華書局，頁149。

李嗣真說鄭法士的畫「風格遒俊」等，便均指文藝作品的風格而言。[9]

　　詩歌和繪畫風格生成和作家的情志密切相關，誠如明陸時雍《詩鏡總論》所言：「石之有稜，水之有折，此處最為可觀。人道謂之廉隅，詩道謂之風格，世衰道微，恃此乃能有立。東漢之末，節氣輩生。唐之中葉，詩之骨幹不頓，此砥世維風之一事也。」[10]其廉隅本指稜角，延伸為人品的端嚴，而風格則意指磊落勁直不同於凡俗的品格，清沈德潛《說詩晬語》談論梁代文學「蕭梁之代，君臣贈答，亦工艷情，風格日卑矣。」[11]都是以風格談論人品。由上可知中國古代以「風格」論人就是指一個人的風度和品格，若用來論文章則指其風範和格局。

　　發展至現代所稱的品牌個性亦同，每一個品牌就如同一個人一般，你覺得 VOLVO、TOYOTA 是怎麼樣的兩種人？又如時尚產業多以設計師為代言人，如 René Lacoste 的 Lacoste、Guccio Gucci 的 Gucci、Gianni Versace 的 Versace、

9　　王之望（2004）。文學風格論。新北市：學海，頁14。

10　（明）陸時雍。詩鏡總論。無錫丁福保仲祜訂。歷代詩話續編二八種八六卷，民國五年（1916）無錫丁氏聚珍版排印本。

11　（清）沈德潛（2010）。說詩晬語。孫之梅、周芳批注。南京：鳳凰出版社，頁97。

Calvin Klein、Ralph Lauren 等，他們的設計理念與風格直接反映在作品上；玻璃藝術產業也是一樣，剛開始建立玻璃藝術品牌的「琉璃工房」以楊惠姍打出名號，而「琉園」一開始也是以王俠軍為品牌代表人，看到品牌就想起代言人，或是看到品牌就會感覺像某種人的個性，在「風格是人的自身」的大範圍底下，「風格」和「品牌個性」幾乎就是攣生兄弟。

　　「Style」（風格）這個字的拉丁字根是「stilus」。「stilus」是在蠟板上寫字所使用的尖頭工具，按照推論，也同樣指涉把東西書寫下來的方法。這個技術上的意義沿用到英語當中，「style」的原始意義是指文學創作的某些特徵，這些特徵隸屬於所表達之事物的形式而非內容。十七世紀的英國作曲家山謬・衛斯理（Samuel Wesley）說得漂亮：「風格是思想的外衣。」[12]這和中國文人以「風格」論文體是一樣的，風格乙詞在中西方古代都用來描述文體，正如《文心雕龍・體性》討論作品風格差異：「若夫八體屢遷，功以學成。才力居中，肇自血氣。氣以

12　楊惠君（譯）（2005）。建築的表情——建築風格與流行時尚的演變（原作者：Witold Rybczynski）。新北市：木馬文化出版。（原著出版年：2001），頁97-98。

實志，志以定言，吐納英華，莫非情性。」作家的才力，肇始於天賦的血氣，血氣可以充實情志，情志可以確定言辭，所以作家敷藻吐辭，無非是情性的表露。

因此，劉勰在《文心雕龍・體性》[13]以兩漢魏晉十二位作家為例，說明情性與風格的關係：1.賈誼雄姿英發，所以文章風格高潔而清雅；2.司馬相如傲慢誇誕，所以文理虛夸，藻采泛濫；3.揚雄性格沉靜，所以作品思想情感內隱而意味深長；4.劉向平易近人，所以文章旨趣顯明而敘事淵博；5.班固寬和容眾，所以文章剪裁綿密而思致綺靡；6.張衡淵博通達，所以文章思慮周詳而辭藻精審；7.王粲性急躁競勝，所以文章鋒穎外露而論事果斷；8.劉楨性子急躁不穩定，所以文章措辭雄壯而發議驚駭；9.阮籍放蕩不羈，所以文章音韻飄逸而格調悠遠；10.嵇康俊逸清峻，所以文章興緻高昂而辭采壯烈；11.潘岳輕躁敏捷，所以文章辭鋒奔放而氣韻流動；12.陸機矜持莊重，所以文

13　劉勰著（南朝・梁）：詹鍈義證（1989）。文心雕龍義證。上海：上海古籍出版社，p.1024-1025。原文：「賈生俊發，故文潔而體清；長卿傲誕，故理侈而辭溢；子雲沈寂，故志隱而味深；子政簡易，故趣昭而事博；孟堅雅懿，故裁密而思靡；平子淹通，故慮周而藻密；仲宣躁競，故穎出而才果；公幹氣褊，故言壯而情駭；嗣宗俶儻，故響逸而調遠；叔夜儁俠，故興高而采烈；安仁輕敏，故鋒發而韻流；士衡矜重，故情繁而辭隱。」

章情意繁複而辭理隱晦。這充分印證了西方「風格」是以文字表達思想的某種特定方式,以及中國「文如其人」的說法。

藝術中的風格是指藝術家在創作中所表現出來的創作個性和藝術特色,最早是由德國美學家溫克爾曼引入美學史領域的,以後歌德、謝林都從美學角度對之做了探討,[14]藝術家因才情氣質和生活經驗各異,必然會使自己的作品散發一種有別於他人的特徵,這種在藝術想像力和獨創性表現的風格,可與美學家丹納(Hippolyte Taine)相呼應,他在其名著「藝術哲學」曾定下一個規則:要了解一件藝術品、一個藝術家、一群藝術家,必須正確的設想他們所屬的時代精神和風俗概況。[15]

十六世紀以後,風格一詞被廣泛用於表示事物之用語言表現出來的方式。⋯⋯一種風格也是從同一個藝術家的不同作品中到處都可以辨識出來的個人手跡。[16]再如丹納

14 汪涌豪(1994)。中國古典美學風骨論。北京:中國人民大學出版社。頁232。
15 丹納著,傅雷譯(2004)。藝術哲學。台中市:好讀,頁19。譯自*Philosophie de l'art.*
16 鄧安慶(譯)(2002)。伽達默爾集(原作者:Jiadamoer Ji,嚴平編選)。上海:上海遠東出版社,頁581-582。

引述歌德的話：不論你們的頭腦和心靈多麼廣闊，都應當裝滿你們那個時代的思想感情。[17]歌德認為：當一個藝術家不再純粹致力於模仿，而是同時在形成一種他自己的語言時，他就創造了一種風格。儘管他將自己繫縛於給定的現象，但這對他說來並不是一種束縛。[18]一個獨特風格的形成是一位藝術家成熟的標誌，也是藝術家表達其哲思的語彙，以及書寫方式。

所以，無論是在文學、藝術領域，只存在著風格競異的作家作品，因為創作主觀情感和藝術表現是構成作品的必要條件，所展現出來的直接而具體美感體驗就是風格。行動也可以具有風格，而且一種風格甚至能用一系列事件表達出來。在這裡風格這個詞首先在規範性的意義上具有意義。當我們說到某個行動具有「偉大的風格」或「真實的風格」時，那麼我們就正在用一種美學觀點判斷它。即使我們是在政治的意義上針對某種行動的特殊風格，這種風格根本上說還是一個美學的風格概念。[19]香奈兒夫人曾

---

[17]　丹納著，傅雷譯（2004）。藝術哲學。台中市：好讀，頁73。譯自*Philosophie de l'art.*

[18]　鄧安慶（譯）（2002）。伽達默爾集（原作者：Jiadamoer Ji，嚴平編選）。上海：上海遠東出版社，頁582。

[19]　鄧安慶（譯）（2002）。伽達默爾集（原作者：Jiadamoer Ji，嚴平編

言：「時尚會成為過去，但風格屹立不搖。[20]」此時所稱的風格，基本上就比流行高一位階，多了一個美學的層次。就建築而言是如此，大多數成功的建築師對於風格都有強烈的意識，他們也是以美學為基礎，一些百年的汽車、家具、鋼筆的在品牌歷史與故事的引導之下，即使因為社會變遷必須有所轉變，從大方向來看的話，其風格意象仍然持續一長段時間，時尚品牌的風格還是有可能做到屹立不搖的。

東西方自古至今，對於風格的描述也都獨具「風格」，但是仍不脫於布豐所言「風格是人的自身」的基調，套用笛卡兒「我思故我在」，現代的風格概念就是「我有風格故我存在」。

尤其是表現力極強的現代，如蘋果電腦的 iMac 把個人電腦從原本顏色呆板的實用物品，變成曲線優美、半透明的視覺糖果──藍莓、草莓、橘子、葡萄，這種半透明寶石的色調，影響後來釘書機、微波爐和滑鼠的設計，而我

選）。上海：上海遠東出版社，頁584。

20　楊惠君（譯）（2005）。建築的表情──建築風格與流行時尚的演變（原作者：Witold Rybczynski）。新北市：木馬文化出版。（原著出版年：2001），頁15。

們對蘋果電腦所認知的風格，並不侷限於顏色，而是那改革創新的品牌個性。星巴克所致力創造的，就是創造獨特的咖啡香氣，同時不斷地保持新鮮感和獨特感，誠如其執行長霍華・舒茲（Howard Schultz）曾寫道：「每家星巴克咖啡館都經過細心的設計，以強化顧客眼睛看到、手觸摸到、耳朵聽到、鼻子聞到或嘴巴嚐到的每樣東西，這所有的感官訊息，全都必須產生相同的高標準，店裡的藝術作品、音樂、香氣、以及一切物品的外表，全都必須對顧客的潛意識放送出相同的訊息，也就是咖啡的味道：這裡的一切都是頂級的。[21]」風格在今日的觸網越來越廣，甚至伸及產品，一個運動鞋或碗筷等餐具的定義已經不同了，這些生活用品不僅只有功能，還要有美感愉悅及表現意涵，每個生活用品也必須要有屬於自身的風格取向，我們有幸能生活在這個多姿多采的社會，可以體會風格多樣的美感經驗。

[21]　閻蕙群、陳俐雯（譯）（2004）。風格美感經濟學（原作者：Virginia Postrel）。台北市：商智文化（原著出版年：2003），頁58。

第 1 章

風格塑造

　　地理的風貌是自然形成，順著這地方的物產、氣候等自然因素，從而發展出獨具風格的人文環境，這是依文化地理學的觀點來看風格塑造，北歐地區有半年的時間夜晚時間超長，因此居家的蠟燭與燈具設計便有更豐富的想法。

　　從文化人類學的觀點來看，人類不僅是生物意義上的人，同時也是文化的產物；換言之，所謂的文化不僅是人類文明進化的產物，也是人類與所處生活環境相協調和適應的手段和途徑。因此，人類的生態環境和文化特徵具有密切相關，不同的種族、地域與生產條件，表現了文化差異和模式，這可以解釋是人類為了適應自然條件、生產與競爭力等因素所做出的選擇。

例如在各地民間流行的傳統藝術，風格殊異，他們也是依當時的人們生活條件所做的調適行為，民間的生活形態決定了民間手工藝文化意義的存在，它是以人為主體的存在，是以民眾的生活為依託，甚至就是民眾生活本身。民間文化如同一種生態環境，在這種環境中繁衍、生長了不同的民間文化之樹和民間文化果實，如果僅僅侷限於對文化產品的個體之中，研究顯然是失卻了深沉的文化底蘊和內在的生命力。[1]

　　從文化生態學的觀點檢視風格塑造，就可明瞭上述的民間傳統表演藝術其實是生存在社會生活環境系統底下的系統性鏈結意象。文化——生態適應理論是由 Julian H. Steward（1955）[2]創立，認為文化變遷就是文化適應，這是一個重要的創造過程，稱為文化生態學（Cultural Ecology）。這個環境、技術與社會制度的因果關係理論，重點說明不同地域環境下文化的特徵及其類型的起源，小即人類群體的文

---

[1]　潘魯生（2008）。民藝學與民間文化生態保護。民俗藝術研究。鄭巨欣主編。杭州：中國美術學院出版社，頁14-15。

[2]　Steward, Julian H.（1955）. *Theory of Culture Change: the methodology of multilinear evolution. Chicago: University of Illinois Press.*該書完整闡述了其主張的文化——生態適應理論，認為文化變遷就是文化適應，這是一個重要的創造過程，稱為文化生態學（Cultural Ecology）。

化方式如何適應環境的自然資源、如何適應其他群體的生存，也就是適應自然環境和人文環境。生態主要的意義就是「對環境的適應」，而生物學上生態的意義即是「有機體與其環境之間的相互關係」，生態的概念應用於人類生活，可知人類並非只扮演一種有機體，而是其生理特徵與行為與其他生物有機體發生關係；如果引入文化這個超有機體進入人類與其他生物的關係大網絡之內，文化的因素可能會影響這個網絡的生態形態與發展。

美學家丹納（Hippolyte Taine）的理念與 Steward 的文化生態學不謀而合，丹納在其名著「藝術哲學」曾定下一個規則：要了解一件藝術品、一個藝術家、一群藝術家，必須正確的設想他們所屬的時代精神和風俗概況。[3]藝術家和民眾完全一樣，生活在相同的空間，習慣、種族、教育、語言皆相同，所以要了解藝術作品，就應該往群眾的思想感情和風俗習慣去探求。作品的產生取決於時代精神和周圍的風俗[4]，再如丹納引述歌德的話：不論你們的頭腦和心靈多麼廣闊，都應當裝滿你們那個時代的思想感

3　丹納著，傅雷譯（2004）。藝術哲學。台中市：好讀，頁19。譯自 Philosophie de l'art.

4　Ibid. 頁43。

情。[5]丹納的思想讓我們意識到藝術與社會生活的關係，並且透過社會生活的檢視才能了解以前未曾認識或認識不足的審美價值。

這另意味著，風格塑造是社會與生活環境的自然產物，這種地域文化形成的風格殊貌，在現代文學中仍然清晰可辨，大陸學者崔志遠在《鄉土文學與地緣文化──新時期鄉土小說論》中，便具體歸納大陸新時期鄉土小說的地域風格：在古秦地，賈平凹、路遙、陳忠實等的作品顯示出或華美、流利、抒情，或宏闊、樸拙、厚重的「秦漢風采」和「盛唐氣象」。燕趙古地的劉紹棠、浩然、鐵凝等，作品中總是浸潤著一種悲壯的燕趙精神。楚湘的古華、葉蔚林、韓少功等，優美的風俗畫描寫中透露出神秘、怪異的楚文化氛圍。三晉的韓石山、鄭義、李銳等，承山藥蛋派遺風，質樸中有厚重，淳厚中見進取。古齊地的莫言、王潤茲、張煒等，都有一種時代氣息和古樸精神結合的詩意。吳越的汪曾祺、高曉聲、李杭育等，作品情調沖淡，描繪細膩，一派南國風韻。[6]

5　Ibid. 頁73。
6　顏瑞芳、溫光華（2002）。風格縱橫談。台北市：萬卷樓，頁19-20。

風格不必刻意塑造，它經常都是渾然天成的，特別是古代人的生活半徑不超過幾十公里，山川景色、可食植物與動物的取材關乎生活形式甚大，所塑造的風格自然就自成一格。

　　藝術家因為生長環境、氣質或個性等因素影響，選擇了一個他可以表達的主題及形式，其表達的特質我們一概稱之為「風格」，無論是時代的風格或是藝術家的風格，不管是哪一種風格，藝術家都不能不依靠一整套形狀的語彙（vocabulary of forms），而藝術家是否老練也就在於是否熟悉這套語彙，而不在於是否熟悉事物。[7]

　　根本上，這一整套的語彙也就是主客體的統一行為，在整體客觀大環境及藝術家主體之間，取得一種內在的聯繫與關聯；作家的其主體性與事物對象性的辯證與統一就形成了風格塑造的規律，以老舍為例，其文筆風格最大的成就就是小說《駱駝祥子》、話劇《龍鬚溝》、《茶館》等作品，這些作品的題材和主題與老舍本人的主觀個性非

---

[7] 林夕、李本正、范景申（譯）（2000）。**藝術與錯覺：圖畫再現的心理學研究**（原作者：E. H. Gombich）。長沙：湖南科學技術出版社（原著出版年：1959），頁214。

常契合，老舍本人就無法寫好有關戰爭的題材，因為他是一位天生不愛打架的人。

風格也可以視為是「有意圖的溝通[8]」（intentional communication），傳達一種具有重要意義的差異訴求，這種訴求可以是個人的觀念，也可以是群體的認同，就如Eco所言「我透過我的衣服來說話[9]」一樣，建構顯而易見的差異，表達與眾不同的規律。

這種溝通是長期性的，或者說是有差異性訴求的長期溝通，而我使用的「訴求」可以是文字，也可以是圖案或其他表現方式，顏瑞芳、溫光華（2003）[10]也呼應了這一點，他們為風格訂了四個特性：1.整體性、2.累積性、3.穩定性、4.獨創性。這說明了風格的塑造及成型的必要條件，風格是逐漸累積的，而且是穩定的累積，縱然可以在一夕之間創造品牌，但是也要在消費者的心中慢慢穩定地累積對這品牌的感覺與信任感；而其整體所呈現的風貌，必須要有獨創性，才能脫穎而出，也才能稱為風格，就是

8　國立編譯館（主譯）、蔡宜剛（譯）（2005）。次文化：風格的意義（原作者：Dick Hebdige）。台北市：巨流（原著出版年：1979），頁123。

9　Eco, Umberto（1973）. Social Life as a Sign System. in D. Robey (ed.). *Structuralism: The Wolfson College Lectures 1972*, Cape.

10　顏瑞芳、溫光華（2003）。**風格縱橫談**。台北市：萬卷樓，頁10-11。

一把米，也要有一點「細微差異」的口感，才能為這一品種的米命名或塑造特色。

在市場行銷環境中，風格塑造也是品牌操作的必要工作，一個穩定的風格並不是收穫在短期效益而已，其中長期的消費者的品牌忠誠度的影響更大，以可口可樂、百事可樂這些老牌企業而言，雖然仍不斷有新可樂或碳酸飲料進場，但是從沒有一個品牌可以撼動他們的地位，百年來所累積的品牌風格，這不是一朝一夕就能夠創造出來的。品牌打造「自我風格」最大的好處是擁有「持續性競爭優勢」，這樣的優勢是其他企業就算花了很長時間也是模仿不來的。[11]

哪些行業特別需要風格塑造？

FCB 模式可以說明，Vaughn（1980）[12]從廣告訴求和產品涉入兩個構面分析消費者行為模式，後來經由 Foote, Cone & Belding（FCB）廣告公司修正為「FCB Grid 廣告模式」，其模式的第一面向是根據消費者資訊處理的兩種

[11] 鄭秀娟（譯）（2009）。五感品牌力：打造自我風格的品牌工程（原作者：博報堂品牌設計）。台北市：御書房（原著出版年：2006），頁73。

[12] Vaughn, Richard（1980）. How advertising Works: A Planning Model. *Journal of Advertising Research*, Vol. 20, No. 5, 27-33.

態度——理性（Thinking）和感性（Feeling），某些情況會用理性（左腦）條理邏輯認知思考，有時則偏重於感性（右腦）視覺圖像思考。第二個面向則是描述消費者涉入的程度高低問題，也可說是關心程度，消費者對於該產品重視、覺得很珍貴，他的關心度就很高；反之較無趣、不重要的產品，則偏向於低關心度。這就產生了四個構面，四種消費者行為類型：資訊型（informative）、情感型（affective）、習慣養成型（habit formation）、自我滿足型（self-satisfaction）。

　　購買汽車、房屋經常是理性——高關心度的態度，這類的產品是屬於資訊型的消費行為；而情感型的消費行為（高關心度——情感思考）則是選購珠寶、化妝品、流行時尚產品的消費態度，這類的商品所屬的行業是最強調與重視「風格」展示與氛圍的行業；而低關心度——理性思考所產生的習慣養成型的消費行為，在選購家庭日常用品如牙膏、洗衣粉等經常抱持的消費態度；至於自我滿足型則是因為低關心度——情感思考的消費態度，在購買飲料、零食時經常受到感性訴求等媒體的影響，這類型的消費行為也可以稱為是「衝動性購買」，電視媒體廣告也大多集中在這類產品的推廣活動上。

	理性（Thinking）	感性（Feeling）
高關心度 （High Involve- ment）	資訊型 （informative） 汽車——房屋——家具——新產品 模式：Learn（學習）——Feel（感覺）——Do（行動） 希望效果：回憶、消費者決斷 媒體：長文案、可供反覆思考的媒體 創意：詳細且清楚的產品情報示範表演	情感型 （affective） 珠寶——化妝品——流行服飾 模式：Feel（感覺）——Learn（學習）——Do（行動） 希望效果：改變態度、激起情慾 媒體：大篇幅表現，代表特殊形象的人事物 創意：有衝擊力的表現
低關心度 （Low Involve- ment）	習慣養成型 （habit formation） 食品、家庭性用品項目 模式：Do（行動）——Learn（學習）——Feel（感覺） 希望效果：立即銷售 媒體：小版面，十秒廣告片，廣播廣告，銷售點廣告 創意：提醒購買	自我滿足型 （self-satisfaction） 香煙——飲料——零食 模式：Do（行動）——Feel（感覺）——Learn（學習） 希望效果：立即銷售 媒體：戶外看板廣告，報紙廣告，銷售點廣告 創意：引起注意

從 FCB Grid 廣告模式來看，情感型（affective）區內的珠寶、化妝品、流行服飾等行業最需要風格塑造，因為消費者在購買商品的時候，欣賞與享受造形色彩美感的成份很大，小至商品的設計，大至品牌商標設計的差異，延伸至展示陳列的藝術表現，所呈現整體的風格就是吸引消費者前來觀看商品的關鍵要素。

塑造風格，和藝術表現的創造是一樣的；一個簡單的線條，藝術家也必須創造風格殊異的線條。

就風格塑造的技術而言，以產品為例，構成產品之各個要素如造型、色彩、材質、表面處理等，集其大成而形成獨特的風格，所以「產品的形態特徵與設計規則是構成風格的主要關鍵」（陳俊智，2005）。[13]

而Chen（1997）也歸納出支配產品造型風格的造型要素為（1）形態構建（Form elements）；（2）結合關係（Joining）；（3）細節處理（Detail）；（4）材料（Materials）；（5）色彩處理（Color）；（6）質感

---

[13]　陳俊智（2005）。造形特徵與風格演變的相關性研究──以圈椅設計為例。高雄師大學報，19（3），頁27-43。

（Textures）。[14]張建成等人（2007）並指出產品本身的造形，如線條、色彩質感、結構等因素，是形成產品與人們溝通語言的主要因素之一，對產品風格而言，設計師對產品所賦予的可辨識特徵加以呈現，即造成不同的產品風格。[15]

可見風格塑造並不是在高空比劃而已，必須落實於各細節的設計與規劃，每一個材質的「感覺」各異，以筆為例，鋁管、塑膠管、木管都有不同的觸感與質感，再配合直筒型、微幅度的葫蘆型、中間寬上下尖形等，以及全部或局部拋光或霧面處理等，各屬性相互之間的組合就變化萬千，所展現的「個性」就像社會大家庭一樣，各顯風華，各展長才。

本章主要論述風格的誕生、風格的意圖溝通，以及風格分類與塑造細節工作，從基本的理論到實際的操作內容，希望能對塑造風格這一方面有一個完整的輪廓，下一節將以布袋戲傳統藝術為議題，闡述與應證本章所提的觀點。

[14] Chen, K. & Owen, C. L.（1997）. Form language and style description. *Design Studies, 18*（3），249-261.

[15] 張建成、吳俊杰與劉淑君（2007）。系列化產品造形風格與設計手法研究──以OLYMPUS數位相機為例。設計學報，12（3），頁1-16。

第 1 章 風格塑造

風格塑造補實
——臺灣布袋戲風格生成之環境與其演進簡史

　　臺灣四面環海，這種開放的地理環境，雖使臺灣歷經許多不同族群的統治，卻也使我們很容易接受各種不同的文化傳統；千百年來，臺灣就像大海之納百川，不斷地吸納來自各地的族群、物質和文明，這些不斷輸入的外來文化，正是臺灣社會的活力來源。要說明風格塑造，臺灣布袋戲就是一個典型的案例。

　　這二百年來，布袋戲表演藝術隨著臺灣社會、經濟、文化、政治的特殊背景，從早期移居來臺的布袋戲老藝人開山立派而人才輩出，到後代不斷地創新改變，許多藝人因而創造出獨特的表演藝術風格，而臺灣也自發地形成各重要布袋戲承傳系統，如五洲園、新興閣、世界派等。這些歷史演變過程，可說是布袋戲隨著移民社會而走向「臺灣化」的歷程，終於創造出臺灣布袋戲的獨特風格。若不論演藝水平的參差不齊，光以現在遍佈臺灣各地布袋戲團約一千團的數量

來看，這樣的文化現象本身，就是一項驚人的奇蹟。[16]

　　臺灣的布袋戲發源於泉州，最原始的型態是屬於南管劇種，最早傳到臺灣的布袋戲也是南管劇，因此無論是哪一個派別都是從南管布袋戲蛻變出來的，南管布袋戲據傳是出自一才子之手：

　　相傳：此戲發明於泉，約三百年前，有梁炳麟者，屢試不第，一日偕友至九鯉仙公廟卜夢。仙公執其手，題曰：功名在掌上。夢醒，以為是科必中，欣然赴考。及至發榜，又名落孫山，廢然而歸。偶見鄰人操縱傀儡，略有所感，自雕木偶，以手代絲弄之，更見靈活，乃借稗史野乘，編造戲文，演於里中，以抒其胸積。不料震動遐邇，爭相聘演，後遂以此為業，而致巨富，始悟仙公托夢之靈驗。[17]

　　南管布袋戲在傳入臺灣之初，只存在於人文薈萃地區，亦即「一府二鹿三艋舺」之艋舺、鹿港、台南等地，這三個地方多是閩南人聚集之所，南管布袋戲應該是他們的「家鄉戲」，這些布袋戲的道白都帶有濃重的閩南鄉腔，外地人無法理解，當然也就限縮了發展的地域。

16　陳龍廷（2006）。臺灣布袋戲的口頭文學研究。國立成功大學臺灣文學研究所博士論文。未出版，臺南市，頁72。

17　臺灣省文獻委員會（1971）。臺灣省通志。第一冊，頁33。

起初的南管布袋戲（一般簡稱南管的）完全接受吾國舊劇傳統，保持著它固有的藝術水準。雖然僅是幾個木偶在那精美的棚臺上舞弄著，乍看起來覺得平凡無奇，但經過一段時間之後，便會被它吸引住，叫你捨不得離開，非至收場不已。它是創自一位文人之手，一切唱詞道白，都非常優雅動聽，又配合著那古香古色的南樂，實在太美了。它的演出皆須依據固定劇本，絕不許稍越雷池一步，不管是道白或唱詞，如果在演出時有了差錯，馬上便會遭受觀眾們指摘，而影響到它的聲價，所以在演出時十分審慎。[18]既然布袋戲是出自於文人之手，南管布袋戲偏重於文戲，其主演人也大多是讀過書的人，因此有著優雅的辭句，深受當時讀書人的喜愛，尤其是舉人秀才們。

　　布袋戲演出係由主演者擔任所有角色之唸白，按劇中角色性別、年齡、性格，以及情境之不同，使用不同聲腔；而不同的人物也有不同的台詞，如生、旦講究文雅端莊，淨角力求粗獷豪邁，丑角則著重幽默與逗趣。布袋戲俗語謂：「一聲蔭九才，無聲甭免來。」意謂聲腔分明，唸白清晰，正是布袋戲表演之基本條件。其次，「布袋戲

18　　吳逸生。談談布袋戲。臺北文獻直字，25，頁89。

上棚重講古」，劇情中經常運用唸詩、作對、猜謎之方式以及說理之情節，因此演師須具備深厚之漢學基礎，演出時方能文詞優美，出口成章。[19]

由於南管過於文雅，一般觀眾難以接受，北管遂取而代之，能夠合乎大眾品味的，就是以通俗的打鬥戲場為主，以「跑馬」、「打盾牌」、「跳花窗」等絕技最為著名。北管布袋戲之所以能夠取代南管布袋戲，觀眾群的組成改變是其中重要的因素，特別是日本人統治時漢文遭禁止，老一輩的讀書人越來越少，能夠欣賞南管布袋戲的人隨之減少；加以北管布袋戲只著重娛樂性，甚受一般觀眾喜愛，北管布袋戲就成為臺灣特有的「鄉土藝術」。根據1928年臺灣總督府的調查報告[20]，全省111個劇團當中，以布袋戲班最多，計有28團，高於亂彈26團，歌仔戲14團。

之後，在市場上活躍的戲班開始取材自歷史章回小說，這些改編自章回小說的戲齣包括「古冊戲」[21]、「劍

19　林茂賢（2009）。臺灣無形文化資產傳統藝術登錄現況。臺灣民俗藝術彙刊，5，頁6。

20　臺灣省總督府文教局社會課（1928）。臺灣に於ける支那演劇及臺灣演劇調。內容經邱坤良節錄發表，日治時期臺灣戲劇之研究。台北：自立晚報社，1992年出版，頁138。

21　古冊戲的興盛期約在1850年至1920年，劇本依據各朝歷史演義改編而成，劇情以 中國歷代國家大事為主題，內容描述各朝代的政蹟、史實、征戰或

俠戲」[22]，產生「放劍光」、「飛行術」等表演技巧。

　　從以上臺灣布袋戲的發展軌跡當中，再輔以文化生態學與人類學祭祀圈理論，就可以明瞭風格塑造的形成環境，是與當地的人文環境、自然地貌等緊密相扣的。

　　從文化生態學的觀點檢視臺灣布袋戲，就有一種傳統表演藝術其實是生存在社會生活環境系統底下的系統性鏈結意象。文化——生態適應理論是由 Julian H. Steward（1955）[23]創立，認為文化變遷就是文化適應，這是一個重要的創造過程，稱為文化生態學（Cultural Ecology）。這個環境、技術與社會制度的因果關係理論，重點說明不同地域環境下文化的特徵及其類型的起源，亦即人類群體

保家衛民之事，戲中主角大多是歷代開國功臣名將或是捍衛江山之忠誠烈士。例如：封神演義、三國演義、隋唐演義等。這些歷史戲除具有教化民眾的功能外，還具有傳承歷史知識意義，往昔臺灣教育尚未普及之時，民眾對於中國歷史的認知幾乎完全來自戲曲表演或演義小說。

[22]　劍俠戲是1920年代以後，臺灣北管布袋戲演出的戲碼主流。劍俠戲多是以身懷絕藝的江湖奇俠能人，協助正義人士打擊邪惡勢力為情節，劇中人物皆身懷絕技，擁有練劍成丸、吐劍光、飛劍殺人及奇幻仙術的超凡武功，異於一般武俠功夫，因此被稱為劍俠戲。劍俠戲的戲碼都是依據清末民初的章回小說改編而成，諸如：洪熙官、少林寺、七俠五義……等等。1940年至1950年劍俠戲是內台布袋戲演出中，最重要戲碼。

[23]　Steward, Julian H.（1955）. *Theory of Culture Change: the methodology of multilinear evolution.* Chicago: University of Illinois Press.該書完整闡述了其主張的文化——生態適應理論，認為文化變遷就是文化適應，這是一個重要的創造過程，稱為文化生態學（Cultural Ecology）。

的文化方式如何適應環境的自然資源、如何適應其他群體的生存，也就是適應自然環境和人文環境；依此透過分析技術和環境的相互關係、分析使用特別的技術開發特定的地區之行為方式，以及確定在進行環境開發的行為方式如何影響文化各層面的程度，用以檢驗文化核心的環境適應能力，以及解析文化差異和相似性。

文化生態學並非是自然生態學的「生硬套用」，而是借助於生態學的基本理念用以研究文化現象。人類所創造的每一種文化，都是一個動態的有機體；各種文化在文化的交流互動中吸收與轉化，形成不同的文化群聚、文化圈，甚至是祭祀圈、生活圈，並且不斷地演變。每一個文化群聚都有自身的價值，以做為人類文化全體之有機「局部」組成部分，並參與全體人類文化的流動與演化，這種動態的文化有機全體，可稱之為「文化生態系統」。

李天祿的兒子李傳燦曾經去過泉州考察彼岸的布袋戲況，他表示：中國現存的布袋戲表演技巧，早已比不上百年來臺灣布袋戲發展的技巧。這或許是因為「文革」等政治因，使得中國的布袋戲遠離了民眾的緣故。相對來看，臺灣的布袋戲曾經非常普及深入民間，正是因為親近臺灣

民眾而使他發展出獨特的「次要特質」。[24]

臺灣布袋戲的後場音樂與民間曲館人才的訓練與供應有密切的關係，而前場木偶武打動作和武戲的創作又與武館相關，早年有不少布袋戲師傅成為武館拳師，或向武館學習拳術的情形，這是臺灣民間的文化傳統，也是文化與藝術的生態系統，更是真實的生活原貌。

臺灣民間文化的生態環境，是以廟宇為中心而發展出來的，布袋戲的創作與這樣的環境關係密切，特別是曲館、武館的關係，而臺灣特殊的歷史情境與土地特質，造就了特殊的曲館、武館文化，及獨特的「精神氣候」這些很可能是造成臺灣布袋戲擁有自己特色的重要因素之一。[25]

研究臺灣社會的中日學者，很早就發現村廟在地方社區組織中的角色和重要性，張珣（2002）就指明人類學的宗教研究不視宗教為獨立現象，而視其為社會文化之反映或運作機制之一[26]，人類學是採取全觀法之觀點研究一個特定族群的原生，而宗教則是理解該文化的面向之一；

[24] 陳龍廷（1997）。臺灣化的布袋戲文化。臺灣風物。47（4），頁39。
[25] 陳龍廷（2010）。發現布袋戲：文化生態‧表演文本‧方法論。高雄市：春暉，頁165。
[26] 張珣（2002）。祭祀圈研究的反省與後祭祀圈時代的來臨。國立臺灣大學考古人類學刊，58，頁79。

因此要觀察整個社群的傳統文化，應選取社區宗教而非個人性宗教，從這樣的視角觀察臺灣社區的村廟的宗教活動，這個活動範圍日本學者岡田謙（1950）[27]稱為「祭祀圈」[28]，他下了一個定義為：共同奉祀一個主神的民眾所居住的地域。施振民（1973）[29]則認為祭祀圈是以主神為經，而以宗教活動為緯，建立在地域組織上的模式。許嘉明（1978）對祭祀圈就也下了一個界範：祭祀圈是以一個主祭神為中心，信徒共同舉行祭祀所屬的地域單位，其成員則以主祭神名義下的財產所屬的地域範圍內的住民為限。[30]要了解臺灣村落之地域團體或家族團體，祭祀圈是

[27] 岡田謙（1950）。臺灣北部村落之祭祀範圍。陳乃蘗譯。台北文物，9（4），頁14-29。

[28] 張珣在2002年國立臺灣大學考古人類學刊第58期發表之〈祭祀圈研究的反省與後祭祀圈時代的來臨〉乙文中表示，岡田謙所發表文章原名為〈臺灣北部村落に於ける祭祀圈〉，譯者陳乃蘗譯為〈臺灣北部村落之祭祀範圍〉，是一位很忠於中日文化差異的學者。他並未直接將「祭祀圈」套用於中文，可見他熟知日本祭祀圈在中國只能說祭祀範圍。日本社會的村落有一個明顯圈界，在中國僅能說一個模糊範圍。雖然近代學者使用「祭祀圈」的含意與日本「祭祀圈」用詞之本意有差距，但考量專有名詞通用與溝通因素，本文也沿用學者通用之「祭祀圈」行之，而不使用「祭祀範圍」。

[29] 施振民（1973）。祭祀圈與社會組織——彰化平原聚落發展模式的探討。中央研究院民族學研究所集刊，36，頁191-207。

[30] 許嘉明（1978）。祭祀圈之於居台漢人社會的獨特性。中華文化復興月刊。11（6），頁59-68。

一個很適當的切入觀點。

林美容（2008）亦提及：臺灣民間信仰最主要的作用是在於形構漢人的地域社會（territorial society），各種層次的地緣組織藉著民間信仰的活動得以展開。[31]研究臺灣的祭祀圈，也等於是在研究臺灣的地緣組織；每個祭祀圈的範圍依其主神的影響力而定，也有依宗族、水利、經濟條件、政治制度等因素劃分。一般而言，村庄有「庄廟」，鄉鎮性或超鄉鎮範圍有「三十六庄」、「五十三庄」等祭祀組織；也有跨鄉鎮的神明會組織，如彰化南瑤宮十個媽祖會。祭祀圈所形構之大大小小各級層次的地域單位，每一個地域單位都有共同的祭祀組織與活動，不同層次的地域單位所顯示的互相包含、重疊甚或是競爭對立的關係，形成了以宗教觀點為鏈結原點的社會系統。

在以宗教所構成的祭祀圈「系統」中，應該可以發掘出存在於其中的結構性，這個「結構性原則」就是如Giddens（1984）所理解的：某種組織過程的原則，該過程

---

[31]　林美容（2008）。祭祀圈與地方社會。台北縣蘆洲市：博揚文化，頁9-10。

以社會方面一定的整合機制為基礎，產生相當持久的時空延伸形式。[32]當然，宗教就是在這多重社會關係相互連結的一環，可以從經濟、政治、宗族等任何一個面向解釋其社會系統的主導力量，或是其形成的主要成因；例如彰化「南瑤宮媽會」就是以當時清政府行政區劃分之彰化縣為範圍，並以宗族意識排除了轄區內的泉州人村庄。

從施振民（1973）所繪製的「祭祀圈與聚落發展模式」可知，祭祀圈是以主神為經而已宗教活動為緯建立在地域組織上的模式。而單姓戲（字姓戲）則是祭祀圈的宗教活動之一，也是基於民眾祈求神明之心意，求「熱鬧」並且藉以彰顯神明之「靈力」，促使香火旺盛的方法之一。

臺灣民間發展了「字姓戲」，又稱「家姓戲」或「單姓戲」；所謂的字姓戲是指以同姓者或聯合數姓為一字姓組織，為某項慶典活動共同集資邀請劇團演戲，也可視為是一種表現氏族關係的宗教活動。該字姓組織除以姓氏為入會條件外，有固定會份不收新會員，僅有一子承

---

32   Giddens, Anthony（1984）. *The Constitution of Society: outline of the theory of structuration.* Califounia: University of California Press. 181.

繼，或由數子輪流祭祀；也有組織不斷地吸收新會員，使該團體逐漸擴大。某些地區字姓戲剛開始只是輪流方式演出，最後甚至會產生族群間的競賽為了增加熱鬧氣氛，後來產生活動。

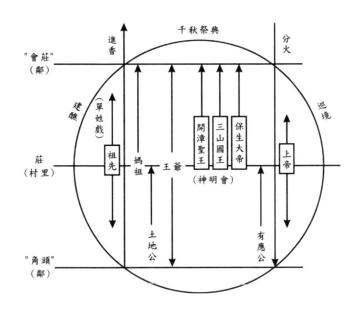

圖　祭祀圈與聚落發展模式

資料來源：施振民（1973）[33]

[33]　施振民（1973）。祭祀圈與社會組織——彰化平原聚落發展模式的探討。

許嘉明（1973）[34]提及彰化永靖鄉的永安宮在王爺生日（農曆二月二十五日）以後幾天由當地客家人的陳、邱、詹、劉、張、林、胡、黃等八姓在廟前逐日演戲酬神。根據胡台麗（1979）的研究，台中南屯地處臺灣南北必經之地，清朝期間當地紛亂時起，當地萬和宮在一次地震中崩毀，嘉慶元年才重建，道光以後南屯可謂進入安定發展的階段，字姓戲在道光年間產生是很恰當的，地方上的各姓氏武力對抗的局面已化解，轉而在字姓戲演出時進行文鬥。據稱各姓間競爭相當激烈，有時一連幾臺戲對演，亦即『相傾戲』（對臺戲）。陳姓曾經一日做18臺戲達15年之久，比賽規模之大和祭品之豐盛可想而知。[35]

陳緯華（2005）將祭祀圈內人們的宗教實踐邏輯，從靈力的生產、消費著手，觀察到「熱鬧」、「心意」等人們慣習中的行動邏輯，理解「靈力」與「社會」之間的關係，靈力 36 生產者們知道匯聚人氣可以生產靈力，而這

中央研究院民族學研究所集刊，36，頁199。

34　許嘉明（1973）。彰化平原福佬客的地域組織。中央研究院民族學研究所集刊。36，頁165-190。

35　胡台麗（1979）。南屯的字姓戲──字姓組織存續變遷之研究。中央研究院民族學研究所集刊，48，頁55-78。

36　「靈力」是人類學者在漢人研究的理論論述中所使用的詞彙，用來指超自然存在的力量。靈力指神明能夠感應人的祈求並有所回應的感應力，亦指

個想法如何成為實際的行動呢？答案就是：『熱鬧』。當人們想要辦一個匯聚人氣的活動時，『熱鬧』是一個行動邏輯，這個邏輯讓他們知道該怎麼辦，那就是：把人群聚集起來、製造喧嘩的聲音、讓人們在其中燒香、拜拜、交談、看戲……；當人們看到這樣的一種活動時，『熱鬧』是他們用以描述這一現象的概念，它可以是一個形容詞，用以形容活動的狀態，它也可以是一個名詞，用以指稱這樣一個事件；而當人們思考活動要辦成什麼樣子時，『熱鬧』則是一種正面的價值觀：活動辦得越熱鬧越好。『熱鬧』是一種行動邏輯、一種活動狀態、一種社會事件、一種價值觀，每當靈力中心要生產神明靈力時，他們想到的就是要『熱鬧』。[37]

　　布袋戲在祭祀圈裡面扮演的這樣的角色，必然受到字姓組織對於表演形式喜好的影響，因為演出的主角是許願或還願的民眾，以及神明「靈力」的展現，它的演出稱為「獻戲」，主要是做整體祭祀活動中對神祇的崇敬和奉

神明處理事情的能力或權威，因此人們常要尋找有求必應的神明，以及前往大廟，因為那裡有較大權威的神明。

[37]　陳緯華（2005）。靈力經濟與社會再生產：清代彰化平原民間信仰與地方社會的形成。國立清華大學人類學研究所博士論文。未出版，新竹市，頁88。

獻，布袋戲只是一個配合演出、可以創造熱鬧氣氛的戲種；因此它的演出歷程、內容和習慣，無不受到祭祀本體行為和儀式規則的節制和影響，在表演過程中呈現出祈福納吉驅邪避煞的賞賜和除厄行為亦是戲班不可或缺的一環，因此開演前的「扮仙戲」和結束時的「團圓謝台」，一點都馬虎不得，而若演出藝師能夠兼及『跳鍾馗』儀式或書畫鎮宅平安符錄，則將更受器重與歡迎。[38]布袋戲源自於民間，所接觸的是民間的群眾，行事方式也是按照民間習慣，與民間社會生活體系有著密不可分的關聯性，這樣的角色已經促使布袋戲必須隨時「變異」，隨時合乎當時人們的喜好與品味。

　　社會（或社區）體系涵蓋政治、經濟、教育、娛樂、宗教體系，在廟宇「靈力」展現與民眾求「熱鬧」獲得祈求心意等需求，字姓戲得以在宗教體系中生存，祭祀圈字姓組織是傳統表演藝術的資金與舞台供應者，字姓組織也必須與其他地區之各體系往來互動；可見整個表演藝術的活動與當地的社會體系是緊密連結，同時隨著雇主的要求與觀眾的喜好，以及社會體系的變遷，表演藝術也會在這

38　傅建益（2005）。臺灣野台布袋戲表演藝術特質與潛在商機。臺灣布袋戲與傳統文化創意產業研討會論文集。宜蘭縣五結鄉：傳藝中心，頁35。

文化的動態結構中，不斷地產生變異。

　　臺灣布袋戲的誕生與風格的塑造，就在祭祀圈這個宗教系統中逐漸成形。

　　日據時代，因為推行皇民奉公運動，布袋戲受到全面性的禁止，後來在黃得時的努力下，布袋戲獲得演出機會，但是必須受臺灣演劇協會的管控，布袋戲的劇目以皇民化劇為主，也可演出傳統劇目，這讓布袋戲劇團經歷到在政治力影響下，如何改變自己以求生存之道。終戰後臺灣光復，布袋戲獲得了全面性的解放，但自二二八事件之後，國民政府開始對布袋戲加以限制，布袋戲劇團早有與政治打交道的經驗，這時也因應政治現實而推出反共抗俄劇以迎合上意，當時布袋戲即轉入內台演出，並努力創造新劇目內容以吸引觀眾進入看戲。

　　自 1950 年末以後，吸引觀眾目光的「金光戲」表現形式出現[39]，金光閃閃的舞台的確吸引了很多觀眾，但是

---

[39]　1950年興起的金光戲，是1950年至1970年的布袋戲主流。金光戲（金剛戲）表演的戲碼不具歷史背景，故事多是充滿著懸疑離奇、詭譎多變，正邪間進行永無止境的爭鬥。剛開始是金剛護體，稱為金剛戲，但劇中人物出場時以晃動的彩色布條顯示金光燦爛，擁有絕世神功，尤其展示武功的時候，吐劍光、放金光這種金光萬道、瑞氣千條的表演形態，就成為媒體人口述的「金光戲」。

卻離梁炳麟掌上笑談人世間，以及南樂配合的優雅詞句的表演藝術韻味越來越遠，幾乎完全換了新裝。

1970 年 3 月，依電視媒體的特性，對布袋戲的表演形式稍做修改之後，黃俊雄在台視成功地演出《雲州大儒俠——史豔文》，正式形成了電視布袋戲這個新型態的表演形式，由於電視特有的鏡頭與剪接技術，以及特殊畫面效果的製作，必須在戲偶形制、操偶方式、口白錄音等做改變，成了「改良」的金光布袋戲。

電視布袋戲曾經消沈一段時間，直至「霹靂」崛起又掀風潮，一款「清香白蓮素還真」取代了「史豔文」，霹靂布袋戲史成立有線電視台，以及推出《聖石傳說》電影，一連串的創新求變，使得霹靂布袋戲成為一種獨特的影視產品。

誠如黃海岱大師所言：傳統的不能滅，現代創新要跑給觀眾追，而三分古典，七分現代最好。[40]這意味著在保留一些傳統的編排與樣式之外，也應依市場需求而改變。

---

[40] 紀國章（2007）。一生一世布袋戲。掌上風雲一世紀——黃海岱的布袋戲生涯。黃俊雄等著。台北縣中和市：INK印刻，頁51。引述黃海岱先生的話。

觀諸臺灣布袋戲發展，正如衝浪一般，一直在當時社會環境的喜好與趨勢的頂峰上行進，這是其他傳統藝術最值得學習之處，如何引領風潮，如何吸引當時民眾的目光，臺灣布袋戲顯然累積了相當多的歷史經驗與資產。

臺灣布袋戲的發展，等於是「對環境的適應」之最佳典範，其「臺灣化」的適應及改變過程，正說明了布袋戲生存於移民社會的臺灣所產生的特殊文化特質，也是本章風格塑造的最佳範例。

第2章

風格競異

　　現在的社會絕對需要差異化的思維，通常，一個城市的居民每天平均暴露在大約兩千個廣告或傳播刺激中，但是一天過去以後，卻只能依稀記得一些廣告而已。你知道嗎？光是在 1994 年這一年，馬德里六家電視頻道總共播出508,533 支電視廣告，現在呢？別忘了現在要加上有線電視頻道和網路廣告。這三、四十年所產生的資訊，已經超過之前五千年的累積。全世界每天出版超過四千本書！我們變得很冷漠，面對著每一則消息或廣告都是極想吸引我們注意，所以，現在不是只需要差異化，而是要差異化競爭。

　　競異，競相展現風格殊異。

　　1950 年代美國 Ted Bates 廣告公司董事長 Rosser Reeves 提出 USP，Unique Selling Propositon，或稱為 Unique Selling

Point，獨特的銷售主張，找出產品自身獨具的特點，集中在這一點上強調而大聲地說出來，讓消費者明白可以從這個產品獲得哪些具體的利益；業者所強調的獨特銷售主張是競爭對手做不到的，或是無法提供的，這個主張源自於產品本身，而不是廣告人員硬加上去的。

USP的定義涵蓋了以下三方面：

1. 每一則廣告都須針對消費者提出一項賣點。不能光是文字，也不能吹噓產品，或是像櫥窗展示般的宣傳，而是要能告訴每位讀者：「購買這產品，你會得到這項好處」。

2. 這項賣點必須是競爭對手缺乏、或無法提供的。它必須特殊──若非品牌本身的特色，就是同業廣告中沒有的訴求。

3. 賣點必須強而有力，能夠影響消費大眾（也就是說，能為產品爭取新顧客）。[1]

對產品聚焦，在產品身上找到差異性，如果沒有差異，要思考如何創造差異，或是展現產品另外一面的「風

---

[1]　以上三點節錄自劉慧清（譯）（2002）。新差異化行銷：殺手競爭紀元的生存之道（原作者：Jack Trout & Steve Rivkin）。台北市：臉譜出版（原著出版年：2000），頁28-29。

格」，這樣的差異化思維影響深遠，從剛開始著重於產品本身，到 1970 年代追求消費者心理和精神的滿足，以致 1990 年代提升品牌的高度，尋求品牌核心價值，時至今日，USP 理論仍然沒有過時，這個「差異化特色」不僅深入人心，而且更肩負著協助企業銷售產品、塑造與增長品牌資產的使命。

USP 吸引人的地方，在於過去一直強調「高品質、低價格」的策略已經無法滿足客戶與消費者，隨之產生的問題是：企業到底擅長什麼？與其他企業的差別在哪裡？USP 剛好可以引導出新的思考方向，以市場導向的思維，集中注意力在客戶的需求上，以提供企業或產品最優越的價值；同時根據自身的特點與價值，尋找適合自己的特定客戶或群體，提供更切合他們需求的解決方法。

藝術家和文學家創造個人「風格」和 USP 同樣是差異化特色的思維。

很明顯的，風格是兩個以上的不同種類比較的結果。只有一人存在，則無「風格」的概念產生。有二個以上的不同，才產生「風格」的概念。風格就是藝術創造的獨特的，完整的，自我體系的體式之總稱。一個藝術家追求風

格，就是追求自我完成，追求個人獨特性從時空交匯中顯凸出來的努力。[2]

　　三個以上，更要有差異化特色。任何一個領域都很競爭，古今皆然，每位文學家除了思索創造出自己的風格之外，還要與其他文學家競比，才能夠脫穎而出。誠如魏禧《日錄論文》所言：唐宋八大家文，退之如崇山大海，孕育靈怪；子厚如幽巖怪壑，鳥叫猿啼；永叔如秋山平遠，春谷倩麗，園亭林沼，悉可圖畫，其奏劄樸健刻切，終帶本色之妙；明允如尊官酷吏南面發令，雖無理事，誰敢不承？東坡如長江大河，時或疏為清渠，瀦為池沼；子由如晴絲裊空，其雄偉者，如天半風雨，嫋娜而下；介甫如斷岸千尺，又如高士谿刻不近人情；子固如波澤春漲，雖瀰漫而深厚有氣力。[3]

　　風格，也是競爭力的一種，美學競爭力，軟性競爭力，影響認知長遠的競爭力。

　　人心之不同，各如其面。與眾不同的心理，自小即自然養成，無論是商業或藝術領域皆然，美學理論家艾倫‧

2　何懷碩（1981）。風格的誕生。台北市：大地出版社。頁48。
3　魏禧（清）。日錄論文。歷代文話第四冊，王水照編（2007）。上海市：復旦大學出版社，頁3613。

迪薩納耶克（Ellen Dissanayake）把藝術定義為「刻意與眾不同」，是為了要「讓人在感官和情緒上過度滿足」的一種行為。她還主張，每個人都有「刻意與眾不同」的天性，這是人類逐漸演化而來的生物本性。[4]從女性怕衣服和別人「撞衫」的觀念就可以知道，每一個人總是希望自己和別人有「區別」，如果加上商業機制，「區別」就成為競爭的必要條件。

　　奇異塑膠公司全球美感計畫部門的負責人解釋道：「美感，也就是風格，已經變成了一種被大家接受的獨特賣點──而且全球皆是如此。」當然產品的功能還是很重要，但是因為市場競爭空前激烈，使得各家廠商所製造的產品品質之高、售價之低，幾乎無分軒輊，再也無法依照傳統的規矩，靠品質及售價來分出高下。在這樣一個競爭者眾的市場裡，美感成了產品脫穎而出的唯一方法，品質和價格或許是絕對的，但是品味卻各有巧妙不同，並不是每個製造商都懂得如何讓產品對消費者的感官產生吸引力。[5]

---

[4]　閻蕙群、陳俐雯（譯）（2004）。**風格美感經濟學**（原作者：Virginia Postrel）。台北市：商智文化（原著出版年：2003），頁43。

[5]　閻蕙群、陳俐雯（譯）（2004）。**風格美感經濟學**（原作者：Virginia Postrel）。台北市：商智文化（原著出版年：2003），頁36-37。

第 2 章　風格競異

品牌、櫥窗、產品在消費者面前，就是以視覺和觸覺拔得頭籌，首先映入眼簾並加以觸摸，對它們的感受立見；也就是說，現代的產品或銷售場所要取悅消費者的視覺、觸覺，以及引導適當的情緒反應是很常態的事情，這不需要做任何的說明及支持理由。

　　重點在於你所創造的風格差異化特色，是不是消費者所喜歡的，換句話說，風格樣式的創造可以千萬種，我們最大的課題就是找到「對」的風格。我經常對設計系學生說，如果你只設計你想要的圖樣，不太理會客戶實際的需求，那你應該去讀美術系才對，好好地發揮你的藝術天份；所以設計要考慮市場消費環境與客戶行銷需求，大多數的設計師就是做這樣的事情，不斷地提供客戶所需。但是，如果你設計出擁有自我風格的樣式，剛好又是合乎客戶需求或消費者喜歡的，那你就是大師級了，通常，這樣的機會是有，很少。風格設計就在一個「為他」的大前提之下，從自身的特點出發，考慮到與他人的表現差異化，尋求一個大眾喜愛的最大公約數。

　　風格競異就涵蓋了差異化行銷（differentiated marketing）的觀念，意即在區分市場，找到目標消費群，針對他們個性化的需求，透過品牌定位或產品訴求的傳播行

為，賦予其獨特的價值和鮮明的形象，其核心的競爭優勢就是建立在品牌定位或產品訴求的差異化和個性化上面。在消費市場日趨多樣化的趨勢下，滿足不同消費者之個別的喜好、個性、價值取向、收入水平、消費觀念等，每一個品牌定位與產品訴求的側重方向就有不同，所以差異化行銷的觀念幾乎就是在這個環境下自然而生的。

所謂的差異化行銷，可以是在某一個行銷層面，或是某一種行銷手段的創新，但是必須在產品、概念、價值、形象、推廣、促銷等各方面的考量，特別是與競爭對手的比對，發掘出自身有別於競爭對手的特點，然後聚焦在該特點上，全力出擊，以取得領先的優勢地位。

以產品差異化為例，可以從產品的耐用程度、容易維護修理、樣式、外觀特徵等方面著想，例如洗髮精可以訴求去頭皮屑、柔順、滋養、潤髮、護髮、促進頭髮生長、活化頭皮血管血液循環等方向，再輔以代言人與表現手法，所產生的廣告效果更具差異化特色。而冰箱的樣式也可帶給消費者不同的視覺感受，例如歐風的嚴謹、方門、白色科技感；亞洲風的淡雅、圓弧門或圓角門、鋼板、彩色花紋等、美洲風格常以華麗貴氣、寬體流線造型表現。

服務也可差異化，不同的目標消費者所需求的服務內容不同，在小地方做一些改變，很容易有差異化的特色，例如在送貨、安裝、工作人員培訓、消費者使用產品教導服務、諮詢管道、維修到府服務等，這些服務是「無形產品」，但是消費者所感受的卻是影響深遠。有些家電保固一年，有些就硬撐到三年，有些熱水器、瓦斯爐的廠商還終身免費到府維修服務，甚至有些醫院還設有「教學門診」，醫生可以在那段門診時間，詳細地為病患與其家屬解說相關的醫學知識與病情。

　　當產品的價格、功能、技術之間的差別越來越小之時，服務差異化的重要性就越來越高，甚至主導或影響消費者購買的因素，除了產品品質和公司形象以外，服務品質經常是關鍵的因素。銷售，當然是追求業績的最大化，但是服務卻可以提升消費者對於該廠商品牌商品的忠誠度，以及重複購買率，因為「差異化的服務」可以在消費者心中佔有一席之地，也是他們日後考慮再次購買的主要考量。

　　形象和「風格」更可以差異化，從實務操作觀之，諸如品牌或產品名稱、顏色、商標圖樣設計、標語與訴求內容、展售環境與陳列設計、燈光效果與感覺、贈品、推廣活動等，各方面都可以塑造差異化的「風格」與形象。

以大陸地區酒品的形象為例，茅臺的國宴美酒形象、劍南春的大唐盛世酒形象、瀘州老窖的歷史滄桑形象，金六福的福酒形象、以及勁酒的保健酒形象等，都必須依各地區的歷史、物產條件、人文環境等因素當中，尋求獨具特色的訴求，讓消費者在買該酒品之時，腦中映出的就是該酒品的形象，同時在品酒時，也可以帶給消費者不同的心靈愉悅感。

　　差異化行銷無非就是想要提升消費者的心理佔有率（share of mind），這是引發消費者購買行動的主要動力，因此獨具USP的「定位」的重要性日益升高，從消費者立場與其利益為主要考量，而不是以廠商的立場與產品本身的條件為出發點，以簡單易懂的方式和消費者溝通，例如 7-up 七喜汽水為了看可口可樂、百事可樂爭食廣大的飲料市場，塑造「非可樂」的定位，巧妙引導消費者它也擁有類似可樂的飲用效果，而合成清潔劑說成「非肥皂」也是相同的手法。FedEx 聯邦快遞標舉「使命必達」，甚至為此拍了電影；Lexus 凌志汽車塑造「追求完美、近乎苛求」的定位，MONTBLANC 萬寶龍書寫筆追求 The art of writing 的定位。保力達強調「漢藥底，固根本」，維士比標榜「採用人參、當歸、川芎等高貴藥材製造」，兩大廠

商分別在勞動階層市場塑造「明天的氣力」及「健康，福氣啦」簡單明瞭的產品定位。悅氏礦泉水第一家取得礦泉水 GMP，而統一 AB 優酪乳率先取得國家健康食品認證，搶第一也是定位。

風格競異補實
——差異化思維開拓市場規模，也引領流行風潮

　　市場是我們共同構築的，行銷理論存在了一個無形的框架，那就是這套理論似乎是無法改變的，好像「事實」就是這樣，我們去研讀它，也要接受它。但是，我們所構築的市場現況，其實我們也可以重新界定市場，改變市場構成要素，提出新的訴求或購買理由，我們也可以逐步改變市場結構，先想想蘋果賈伯斯所帶來的產品新市場，以及我們的新生活型態吧！

　　在一大堆優格產品訴求營養的聲浪中，「消除飢餓感」、「解渴」的訴求就異軍突起，給消費者一個新的購買理由。當「穀類＝早餐」的觀念根深蒂固的消費習慣，如果要拓展產品的市場空間，「每天隨時可以吃的健康點心」這樣的訴求，就讓消費者在早餐時段之外使用穀類食品，所以，麥片餅乾棒新的產品類別就誕生了。

　　在所有的善款捐輸的行為中，最容易被忽略的就是捐款人的心理，他們不知道自己捐的款項最終使用到哪裡？

於是，「當小孩的教父」這樣的點子就出現了，直接支助居住在某國家某地區的特定兒童，捐款人可以收到受捐助的兒童照片和簽名，他們也清楚該名兒童可以取得食物，也能夠上學受教育。

不滿足於現狀，不滿意現在的觀念與行為，多增加一項服務，或是擴大功能，也是提出差異化主張的方法。

鬧鐘可以增加開關店門的定時功能；計程車可以充當快遞；買唱片就是排行榜的投票行為；治療疼痛的阿斯匹靈也可以預防心臟病；平日的遊樂場可以當作企業員工的開會場所；在體育館健身房設置水果自動販賣機，讓人們可以在運動後吃些水果恢復體力；多加襯墊或改變剪裁與造型，就可以讓女性的胸部看起來更為堅挺；預先處理的披薩、爆米花等食品，消費者買回家只要簡單的加熱動作就可以食用；儲值卡也可以當禮物，送儲值卡給朋友，請他去百貨公司去領你指定的特定禮物；牙醫師推薦的口香糖！

翻開時尚產業史，一波波的新主張、新造型構築了「連續新圖樣」，這是求生存的必要行為。

嘉伯莉‧可可‧香奈兒（Gabrielle Coco Chanel）推出直筒洋裝，在當時流行的是以蝴蝶結、帽子、圍巾，或是

誇張珠寶展露女性的服裝輪廓，香奈兒就拿掉洋裝上一些複雜的細節和綴飾，設計出一種清新摩登的洋裝線條，從肩膀一直到膝蓋上方完全是直線式設計，這就是無腰身洋裝，沒有明顯的腰線，只有簡單的披巾綁在臀部。這樣的洋裝材質輕盈，就像穿著運動服或內衣一樣舒適，女性自此得以自由自在的跳舞、搖擺，如果加上一些珠子等裝飾物，在舞廳裡面同樣是耀眼閃亮。

克莉絲汀・迪奧（Christian Dior）創造了「花冠系列」（Corolle Line），被《哈潑時尚》（Harper's Bazaar）總編輯卡梅爾・史諾（Carmel Snow）給它「新風貌」（New Look）的封號，迪奧的確為女裝注入了新生命，她為女性開創漏斗型的新線條，細腰、翹臀、豐滿的胸部、斜肩、圓蓬裙，裙子從腰部向外展開，就像花瓣上的花冠一樣，將束腰與強調胸線的元素放進洋裝設計當中，等於是告訴因為戰爭所產生的死氣沉沉、毀滅氣氛的人們，展露曲線、華麗的服裝又重新回到時尚舞台了。

路易斯・威登（Louis Vuitton），一位木匠的兒子，看到當時的行李箱是圓頂蓋，長期為馬車運輸所用，但是火車與船隻運輸就不方便，於是他研發平頂蓋的組合式行李箱，最外層可蓋上灰色帆布，其尺寸剛好可以放進船艙

睡舖下方，防水、防塵設計，甚至防竊，增加五碼轉盤鎖，讓使用者可以自行設定想要的數字，這些貼心的設計，獲得了當時仕紳名流的喜愛，如拿破崙三世的妻子尤金妮皇后（Empress Eugénie）、蘇俄沙皇尼可拉斯（Grand Duke Nicholas of Russia）、海明威（Ernest Hemingway）、溫莎公爵夫人（Duchess of Windsor）等。

　　喬治・亞曼尼（Giorgio Armani）解放男性，拿掉西裝的襯裡、接合處，和褲子的摺痕，移動鈕扣與襯墊的位置，並且調整肩線、翻領變窄、增加口袋，將衣服加大，不是很合身，卻是讓男性從緊身剪裁中釋放出來，舒適、毫無負擔，容易活動，就像穿運動服一樣。這種輕鬆感的設計，係採用寬鬆的亞麻與毛線材質，使用柔和的顏色、條紋與格子圖案，使男性西裝又多了一些柔軟的線條。貼心地為穿著使用者著想，是這些引領流行之先時尚巨人共通的特性。

　　路易斯・李爾德（Louis Réard）於 1946 年在巴黎游泳池，首次請模特兒展示比基尼，同年毛皮與女裝設計師賈克・漢姆（Jacques Heim）也在海灘系列作品中發表名為「原子」（atome）的緊身兩截式泳衣，比基尼讓女性的身體大解放，不僅展現出以前從未在公共場合不曾露出的

腹部和肚臍，也讓女性展現更多的肉體，這樣的服飾款式大大地挑戰世人的觀念，美國人直到六〇中期才接受這種款式。

瑪莉・官（Mary Quant）設計迷你裙，在 1965 年掀起熱潮，成為六〇年代的象徵，就像《哈潑時尚》（Harper's Bazaar）在 1967 年的報導指出：「現代大家的目光都移到女性的雙腿。腿越修長越有看頭；裙子越短越精彩。」迷你裙所代表的，也是女性藉以表達自我意識的表徵，女性可以擁有事業、可以製作音樂，當然也可以展現她們迷人的雙腿。即使香奈兒認為迷你裙「很噁心」，但是這股潮流席捲時尚圈，甚至在 1966 年瑪莉・官榮獲英國帝國勳章，她一聽到消息時就表示：「我實在不敢相信……，但是我想這項榮譽其實是頒給我設計的迷你裙。」

牛仔褲的誕生起源於賈克・戴維斯（Jacob Davis）在褲子縫上銅製鉚釘強化口袋的強度，因為他發現當時的人們一直抱怨褲袋容易破損，後來他與李維・史特勞斯（Levi Strauss）合作開發耐用的工作褲，稱為「高腰工作褲」（waist overalls），使用從新罕布夏（New Hampshire）工廠的藍色丹寧布和銅製鉚釘來加強褲袋與鈕扣；西部掏金客非常喜歡這種耐用的褲子，因為可以將金子裝滿

褲袋而不會破，加上五〇年代電影明星詹姆斯‧狄恩（James Dean）等人的加持與推動，使得美國牛仔褲躍上流行之林。

為了讓消費者的臉型更顯立體感，髮型師沙宣（Vidal Sassoon）創造了「五點式剪髮」（Five Point Cut），又稱「不對稱剪髮」，意即左右兩邊長度不一樣，或是頭髮的線條感兩邊不一樣，這種簡約、摩登的五點式造型就成了六〇年代年輕流行的代表，短髮、頭髮自然垂下、沒有不舒服的髮捲，讓頭可以自由擺動，時髦女性只要穿上時下流行的迷你裙，梳一下頭髮，不出幾分鐘就可以出發，狂歡一夜。1964 年，《哈潑時尚》（Harper's Bazaar）就讚美沙宣：「他不像有些『非常忙碌』的髮型師只會讓顧客的五官更模糊，沙宣的作品猶如建築，呈現俐落之美。他總是能為顧客剪出讓臉型更立體的髮型。」

每一個新產品、新行銷方式、新服裝款式、新髮型剪法，都是差異化思維的具體實踐。

整合上述的差異化實例，以下的思考方向可供參考：

搶第一：美國第一所大學是哈佛大學，目前還是名列第一；首先推出小貨車的克萊斯勒；發明影印機的全錄；開創可樂飲料先鋒，標榜「真實的口味」的可口可樂；第

一，容易記住，也有最原始、最實在的感覺。

小題大作：瑪麗蓮夢露將魅力發揮到極致；富豪（Volvo）汽車強調安全，總是強調安全，各項設備與發明集中於安全考量；Ames 地區型的商店，特別強調「沒有格調的大眾化」，把貨品的價格壓到最低，專門供應給勞工階級；有氣泡的礦泉水，將氣泡稱為「珍珠」、「水中明珠」！比利時 Bru 礦泉水含有小氣泡，就這樣一炮而紅；強化特點，就有鮮明的個性，也容易激起特定族群的認同。

當老大：漢茲（Heinz）蕃茄醬利用「流得最慢的蕃茄醬」搶了「濃稠」的頭銜，也取得蕃茄醬的領導地位；讓消費者知道您是銷售第一名、科技領導地位，因為消費者要的是高品質而穩定的產品，找老大是最容易的事情。

塑造特定專家形象：沙拉醬「專家」品牌Hellmann's，果醬「專家」品牌 Smuckers，芥末醬「專家」品牌 French's，優酪乳「專家」品牌 Dannon，都曾經在其專家的領域痛宰食品大廠 Kraft。Banana Republic 專門賣高級的休閒服飾，Victoria's Secret 的性感內衣，The Gap 以年輕族群的休閒服飾為主，Benetton 訴求年輕人的時髦毛料和棉製衣服，集中焦點在特定的族群或領域，塑造專家形象，因為消費者要找專家解決問題，不是要找樣樣通、樣

樣稀鬆的廠商。

迎合消費者的偏好：您認為雨傘是常下雨的英國或是陽光普照的西班牙做得好？您認為皇家貴族都在使用的產品的品質比較好嗎？您認為在醫院裡面的藥局比較會「信任」他們的專業，尤其是和醫院外面對街的藥局相比？您會不會覺得加了牛奶的香皂，對肌膚應該更滋潤營養？不要忽略了消費者既有的觀念或刻板印象，反而要強化它。

創新再創新：AccuRay 公司發展「專利光譜科技」（patented prism technology）可以在生產紙張時監控整張紙面，任何缺陷都馬上被發現；Dove 把乳液放進肥皂的創新手法，強調「保濕」滋潤肌膚，就在眾多香皂中脫穎而出；有別於一般冷凍披薩已經燒烤過一次，解凍後再烤一次就容易失去既有的風味，DiGiorno 披薩就推出未經燒烤過的披薩，消費者將冷凍披薩放進烤箱，才經歷了第一次燒烤，口味依然存在。針對現有的產品缺陷再改良，很容易就有差異化了。

風格差異化，或是風格差異競爭力，是未來必須要走的路，否則就容易埋沒於「群策群力」創造大量的產品、服務、訊息洪流之內；更難的是，不只有差異化而已，而是要創造出「可以觸動消費者心弦」的差異化主張，才有可能在消費者的腦海中佔有一席之地，大家共勉之。

第3章

風格遞嬗

　　為什麼不講「轉型」，而要使用「遞嬗」這麼艱澀的文字？因為「遞嬗」是交替轉換的意思，它的意思比較沒有主動改變，而是隨著環境情勢而變化；而「轉型」則是改變既有的形象、現況等，它帶有主動改變的含意，當然也有被動轉變的意涵。

　　但是，令人弔詭的是，作者去國圖參考室翻閱各大辭典，竟然都沒有收錄「轉型」和「遞嬗」兩詞，或許是前者是新詞，後者古代使用頻率太低，或是兩者都是新詞的緣故吧！作者只能在網路上查詢教育部國語推行委員會所編的字典：

轉型：改變既有的形象、現況等。如：「臺灣社會已
　　　在轉型之中，我們應該冷靜的面對一切的社會
　　　現象。」

遞嬗：嬗，轉換。遞嬗指交替轉換。

風格的改變，經常不是主動的，而是隨著時代更迭，社會消費觀念轉變而變，就是時尚產業主動去做改變，也是事先嗅到社會風氣改變的煙硝味，搶先去推動的。

　　作者特別開闢本章的用意，就是要提醒「與時俱進」的觀念。

　　《禮記‧樂記》：「凡音者，生人心者也，情動於中，故形於聲。聲成文，謂之音。是故，治世之音安以樂，其政和。亂世之音怨以怒，其政乖。亡國之音哀以思，其民困。聲音之道，與政通矣。」[1]這是講音樂的情調與政治的關係，也說明了時代更迭音樂表現也隨之不同。劉勰的文心雕龍《時序》一開始就提出「時運交移，質文代變」，也說明了時代的風氣不同，影響了文章偏向「質」樸素，或是傾向「文」講求藻采之風。因社會環境遞嬗，風格也會隨之轉變，所以劉勰從堯舜到東周之間的詩歌風格轉變情況，得出了一個初步的結論：「故知歌謠文理，與世推移」。接著劉勰又提及：「風動於上，而波震於下者也」，這說明了上面的政治有哪些風浪，下面就會有怎樣的波動，文學受政治的影響很大。

---

[1]　　王夢鷗（註譯）（2009）。禮記今註今譯。台北市：臺灣商務，頁657。

由早期的浪漫柔美到後期的成熟冷靜，的確是鄭愁予詩風的轉變軌跡。……正應合張潮《幽夢影》中所說：少年憑感情寫作，壯年憑理性寫作，老年憑智慧寫作的發展理則，……楊牧和鄭愁予作品風格的轉變，主要來自作者內省地調整自己創作方向；而李後主、李清照等，他們的作品風格也有明顯地前後期之分，但他們風格轉變的動力是外來的。[2]李後主從前期的富麗豪華、浪漫風流的文筆風格，到描述俘虜的悲哀，從宮廷享樂到亡國之階下囚；李清照從美滿的婚姻愛情，到夫妻暫別的愁怨之音，加上靖康之難的江南流離和喪夫之痛，從前期的明快活潑到後期的纏綿淒苦，兩人的文筆風格受到外在的環境改變影響甚鉅。

　　風格遞嬗的現象存在於各層面，品牌設計同樣也受到整個社會環境與大眾對「美」共識與喜好的轉變，品牌Logo的設計風格與表現樣式也必須隨之改變，以符合當時代的流行趨勢，讓當代的消費者感覺該品牌是「屬於我這一代的產品」，不是祖父母輩的古董。

　　以下的知名品牌，都曾經更改 Logo 設計：ACDelco、Acer、AJINOMOTO、AURORA、BANDAI、Barbie、

2　　顏瑞芳、溫光華（2003）。**風格縱橫談**。台北市：萬卷樓，頁29。

Bridgestone、Burger King、CITIBANK、Coca Cola、COM-PAQ、ESTÉE LAUDER、EXXON、FedEx、FIAT、FU-JITSU、GIORDANO、glico、HCG、HITACHI、IBM、INAX、ISETAN、ISUZU、KENWOOD、KIRIN、Levi's、LION、Lipton、LOTTE、Maybelline、Mead Johnson、MEIJI、Microsoft、Mobil、MUJI、NEC、OSIM、PANTO-NE、PHILIPS、Pioneer、Pizza Hut、RICOH、SAMPO、SAMSUNG、SANYO、SHARP、SHISEIDO、SONY、SYM、TECO、TOSHIBA、TOTO、UPS、Watson's、Wyeth，以上的品牌 Logo 改變，絕大多數都是越改越適合現代的美感。

　　整個社會環境是在一的大系統底下，不僅環環相扣，而且互相激盪影響，文學如此，藝術時尚皆然，盧繡梅（2007）[3]整理設計風格與時尚流行趨勢的關係如下表：

3　　盧繡梅（2007）。時尚品牌行銷模式之研究。國立臺灣師範大學設計研究所在職進修碩士班碩士論文，頁27。

年代	設計風格	時尚流行趨勢
1900	美術工藝 （1851-1914）	1891年騎腳踏車狂熱，婦女接受褲裝形式，女裝男性化潮流開始。
1910	新藝術（1880-1910） 德國工業設計聯盟 （1907-1935）	好萊塢在洛杉磯紮根，緊身型S曲線馬甲大流行。 服裝興起美學理念，時裝與藝術結合，流行與藝術界限模糊，藝術家幫服裝雜誌畫服裝畫，漸形成裝飾藝術風格。 機能主義，未來科技影響服裝出現色彩鮮豔與幾何圖案。
1920	抽象主義（1920） 達達主義（1915-1922） 超現實主義（1924） 荷蘭風格派 （1917-1928） 機械美學 （1917-1931） 德國包浩斯 （1919-1933）	現代高級定製服始祖渥師（Charles Worth）推動下，服裝是奢侈品。 機能主義為導向，出現大量的休閒運動裝，符合人體機能活動量。 前衛藝術為指標Elsa Schiaparelli強調視覺效果的設計師，運用透明玻璃紙、塑膠等特殊材質之運用，脫離人體建構，進入超現實主義。 1926年倫敦成立「英國模特兒之家」。 1930年經濟大蕭條，英國威爾斯王子（Prince of Wales）
1930	俄國構成主義 （1917-1935）	為流行的主導。 1938年美國杜邦公司發明合成纖維Nylon（尼龍）為紡織
1940	流線型設計 （1930-1950）	品一大突破。 1939-1945年第二次世界大戰，軍裝成為流行時尚。 「抽象表現主義」風潮、塑膠材質成為靈感來源，表演藝
1950	有機設計 （1930-1960）	術全球化，藝術家自行將設計融入藝術創作的風潮。 1951年商人Marchese Giovan Battista Giorgini在佛羅倫斯別墅中舉辦第一次成衣動態時裝展。
1960	普普藝術（1954-1972） 波普藝術（1965） 瑞士國際主義風格 （1940-1968） 義大利激進設計 （1968-1980）	「藝術取向的服裝設計師」設計師主導時尚。 反傳統意識的搖滾文化：披頭四、貓王、滾石、迷你裙。 1966年歐美學生反戰運動（越戰），亞洲中國文化大革命。 1969年美國阿波羅11號登陸月球，太空時代來臨。 普普、歐普圖案取代超現實主義而大行其道。 自由解放街頭嬉皮風（Hippie）。幾何造型與強烈對比色「太空裝」。
1970 1980	後現代設計 （1972-1985） 解構主義（1985）	同性戀次文化在紐約興起，Punk風格侵略視覺，趨向個性化風格。 時尚物質主義充斥崇拜品牌化、商標化、成為全球性流通的企業。 裝置藝術、觀念藝術，將衣服夠成分解破壞、不對稱人體之設計。
1990 2000 2010	新現代設計（1985） 減少主義（1995） 數位設計~	DC（Designer's & Character）之全盛時期，品牌也紛紛增設副牌。 極簡風格盛行，「裸妝」誕生強調時尚品牌為流行時尚偶像。 中國開放崛起，全球吹起一片東方亞洲熱。 後現代化、拜物文化、消費文化、全球化、環保關懷個人主義氾濫。 2008北京奧運持續東方熱：全球暖化、糧食短缺、環保意識普及化。

正如本書導論章節提及的美學家丹納（Hippolyte Taine）在其名著「藝術哲學」曾定下一個規則：要了解一件藝術品、一個藝術家、一群藝術家，必須正確的設想他們所屬的時代精神和風俗概況。[4]正可說明風格的轉變隨著社會政經人文的變遷而有轉移，每一個時代都擁有自己的表現特色，你可稱為時代造型、時代款式、甚至時代色彩。

下圖是顯示日本九年間的流行色彩趨勢[5]，其研究方法是在十條繁華街邊訪問路人，按穿著色彩的比例繪製，較為明顯的是一九八五年「桃色」，這時期剛好是日本將要實施「男女雇用機會均等法」，女性的議題受到相當多的關注；而一九八七、八八年的「黑色、灰色」獨占鰲頭，當時流行「麻辣食品」、「雲霄飛車（絕叫機器）」等過度感官刺激的影響下，對於不具妥協、獨立個性感十足的心裡需求，成了「黑色、灰色」風行的支持理由。

---

4   丹納著，傅雷譯（2004）。**藝術哲學**。台中市：好讀，頁19。譯自*Philosophie de l'art.*

5   圖片取自鍾霓（譯）（2006）。**五感的時代：視、聽、嗅、味、觸覺的消費社會學**（原作者：博報堂總合研究所編）。台北市：中衛發展中心，頁141。

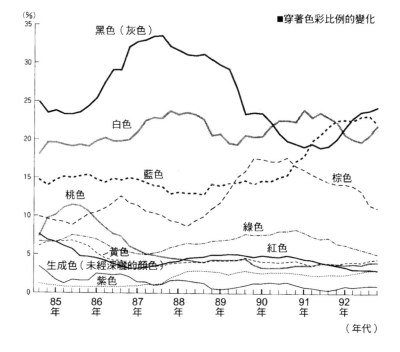

■穿著色彩比例的變化

（%）

- 黑色（灰色）
- 白色
- 藍色
- 桃色
- 綠色
- 黃色
- 紅色
- 生成色（未經深曬的顏色）
- 紫色
- 棕色

35
30
25
20
15
10
5
0

85年　86年　87年　88年　89年　90年　91年　92年

（年代）

另一種風格的趨勢是往返現象，馮永華[6]整理一份設計風格的週期表如下圖：

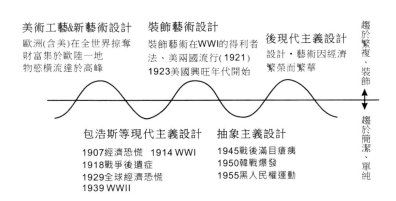

這個往返於繁複和簡潔兩端的設計趨勢，與藝術家發表的表現形式一致，更與時尚流行款式的更替類似，消費者對於風格不會只滿足於一種長達數十年，改變是必然，改變的路徑掌握風格遞嬗的趨勢，就可以搶得先機。

6　　馮永華（2008）。後現代品牌設計思維架構之研究。國立雲林科技大學設計學研究所博士論文，頁85。

風格遞嬗補實
——59家世界知名企業及品牌形象遞嬗實例

　　在講解品牌策略等課程之時，作者有一個時段就是講解「品牌的時代感」，課堂上所列舉品牌形象設計遞嬗的資料就是引用蔡啟清先生蒐集整理的實例，該課程主要告訴學員一個觀念，就是隨著時代的更迭，每個世代的政治經濟傳播生活環境大不相同，大眾對美感認知也有所不同，楊貴妃和趙飛燕在不同時代的審美觀念互異即可明瞭；如果一家企業不體察到這一點，一直沿用創業之時的設計圖樣，很可能會被新生代認為這是祖父母輩的產品，除非像龜甲萬行銷三百多年，可以一直使用「萬」字圖樣，因為這正可證明這三百年來的味道一直不變。

　　給消費者一種這個品牌是「屬於我這個年代的」感覺很重要，芭比娃娃的品牌圖樣也要隨著新生代的感覺而變，隨時保持潮流領先的品牌形象。

　　在這裡特別強調的是，當你看到品牌設計的遞嬗，請不要認為過去的人們的品味怎麼比現代人還遜了一籌，這只是每個世代的審美主張和觀念不同而已，這是遞嬗的正

常現象，不可用高雅粗俗相互比較。

　　列舉 59 家品牌形象的轉變，這是說明「風格遞嬗」最佳的範例，相信你看完這篇文章以後，應該可以有所領悟。

文字標誌的溫故知新──59 家世界知名企業及品牌形象[7]

作者：蔡啟清 ctsai@tsai-design.com

（該文章刊載於設計印象雜誌雙月刊，第14期，2004年5月25日出版，已徵得作者書面同意全部轉載至本書章節內，特此致謝！）

　　針對企業或品牌名稱所賦予的字體稱為「標準字」（logotype），而僅單獨使用 logotype 來做為標誌，不用符號標誌，此時的 logotype 則稱為文字標誌（logomark），當 logotype 不必伴隨符號標誌出現，從配角躍升為主角，通常需要醒目而特別的設計，呈現亮眼的光彩，但設計並非適度操弄，除了要適應企業與品牌的個性，更要兼顧易讀性。

　　使用文字標誌的企業或品牌，也要因應企業的擴大、品牌的重新定位、時代與潮流的改變等因素，而變更其文

---

[7]　原題目是「文字標誌的溫故知新──88家世界知名企業及品牌形象」，經作者整理後，只擷取59個商標當作範例，因此酌予更改題目名稱，特此說明。

字標誌，可能較符號標誌的更新來得更頻繁。檢視文字標誌更新的案例相當眾多，不勝枚舉，僅縮小範圍，只就最近是以文字標誌呈現的企業或品牌來探討，而對新增獨立之符號標誌者，例如：asics，TOYOTA、XEROX 等；或因文字標誌太過於符號化，而另外再加 logotype 者，例如：AGFA、BAYER、FujiFilm 等，就不再列入本文介紹範圍。

　　依此原則，共蒐集了59個著名企業或品牌標誌更新的演進過程，雖想儘可能涵蓋各種產業，還是無法囊括所有的案例，只能擷取部分，而從網站上取得與經掃描的標誌，其色彩與解析度或許不夠完美，主要目的不在於建立標準規範，期盼能經由整理與探討，提供溫故知新的參考。

標誌更新演變的策略

　　本文於細談每一標誌之前，先就更新演變的策略做一概括的描述。

　　（1）忠誠度高的品牌儘量延續先前累積的形象，避免
　　　　　激烈的更新：如 Coca-Cola、ESTÉE LAUDER、
　　　　　olivetti、rotring 等。

　　（2）需做大幅度改變則由簡化企業或品牌名稱，或

更符合經營現況的名稱著手，如：FEDERAL EXPRESS→FEDEX、MURATA→Muratec、Toyotoki→TOTO 等。

（3）日用品的忠誠度不高或強調流行的品牌則藉更新標誌來說銳意創新：如 Amway、Isetan、SUNS-TAR 等。

（4）中文、日文改為英文的國際化：如和成→HCG、龜甲萬→KIKKOMAN、富士通→Fujitsu 等。

（5）不完全拋棄富有歷史意味的舊標誌保留為輔助標誌：例如 KIKKOMAN 的「萬」字標誌、HITACHI 的「日立」字標誌、TELEFUNKEN 的菱形標誌等。

　　而表現的手法則多元而各異其趣，有些標誌自成圓形、橢圓形、或方形；有的在文字加入線條或色塊等輔助要素，有的則沒有輔助要素只保留文字；有些是正體字，有些則是斜體字或手寫字；有的陽文也有的陰文，樣樣都有巧妙之處。

時代變遷對形象設計的影響

　　為了清楚地反映時代對形象的影響，以 2000 年為分界，將企業或品牌最近之文字標誌區分為兩大群組：（1）截至 2000 年前未再更新；（2）2000 年後更新，並逐一略加介紹，如此，應更能掌握全面性的趨勢。（若干文字標誌在台灣發表時間可能有些出入，但不致於影響整體評估）

2000 年前未更新的品牌標誌

- （1）BANDAI

    國籍：日本

    產品：玩具

    介紹：將過於兒童的形象，擴大為大人、小孩的夢想玩伴，由松永真設計符合國際化的形象，新標誌採兩段式，上下 A 字都在同一位置，B 與 D 字造形相似，而 N 與 I 字之直筆劃對齊，造成 N 字向上躍升的態勢。

 →

BANDAI® 為萬代股份有限公司 KABUSHIKI KAISHA BANDAI（A.K.A. BANDAI CO., LTD.）在其日本或其子公司在其他國家擁有之註冊商標或商標。

- （2）BRIDGESTONE

  國籍：日本

  產品：輪胎、體育用品

  介紹：從生產輪胎，到拓展體育用品業務與致力
  國際化，新設計是 PAOS 代表作之一，將多
  達 11 個字母的標誌處理成一個整體，強調
  堅固耐用，展現力與美。

BS ブリヂストン　→　*BRIDGESTONE*

BRIDGESTONE® 為普利司通股份有限公司 BRIDGESTONE CORPO-
RATION 在日本或其子公司在其他國家擁有之註冊商標或商標。

- （3）CATERPILLAR

  國籍：美國

  產品：拖拉機、體育用品

  介紹：著名的拖拉機公司，舊 C 字標誌著重機械性，Landor Associates 設計 CATERPILLAR 與 CAT 兩個並存的新商標，在第一個 A 字下插入一個醒目的三角形，宛如道路的延伸透視。

 → CATERPILLAR

CATERPILLAR® 為傑特匹力公司 CATERPILLAR INC. 在美國或其子公司在其他國家擁有之註冊商標或商標。

- （4）Coca-Cola 可口可樂

  國籍：美國

  產品：飲料、流行商品

  介紹：代表美式傳統，極具特殊性的飲料，百餘
  　　　年維持幾乎相同的字體標誌，只是隨不同
  　　　時代將圓形商標改為正方形商標，在飲料
  　　　瓶上再加入消費者暱稱的 Coke 字樣。

　　Coca-Cola® 為可口可樂公司 THE COCA-COLA COMPANY 在美國或
其子公司在其他國家擁有之註冊商標或商標。

- （5）DNP 大日本印刷

　　　國籍：日本

　　　產品：印刷、設計

　　　介紹：大日本印刷與 TOPPAN 凸版印刷（見圖
　　　　　　53）競爭激烈，兩家公司均在「擴印刷」
　　　　　　的理念下，從印刷紙張拓展到塑膠、金
　　　　　　屬、電路板、建材等，無所不印，更成立
　　　　　　廣告、創意部門，全方位服務客戶，新標
　　　　　　誌已脫出印刷的形象，呈現專業的面貌。

　　　DNP®為大日本印刷股份有限公司 DAI NIPPON INSATSU KABUSHI-
KI KAISHA（ALSO TRADING AS DAINIPPON PRINTING CO., LTD.）在
日本或其子公司在其他國家擁有之註冊商標或商標。

- （6）EXXON

   國籍：美國

   產品：石油製品

   介紹：更名自 Standard Oil，品牌更獨特突出，標誌由 Raymond Loewy 設計兩個X連字，有強勁的視覺力量，30餘年來僅略微修改，公司雖與 Mobil 合併成 EXXONMOBIL，品牌名稱則各自維持不變。

 →

EXXON® 為艾克森美孚公司 EXXON MOBIL CORPORATION 在美國或其子公司在其他國家擁有之註冊商標或商標。

- （7）FedEx 聯邦快遞

  國籍：美國

  產品：快遞貨運

  介紹：消費者早就對 FEDRAL EXPRSS 簡稱 FedEx，
  導入新形象時便順應民情，同時也摒除
  「FEDRAL」給人政府機關的錯覺，Landor
  Associates 以現代化顯明的設計來配搭 FedEx
  領導品牌的形象。

 →

FedEx® 為飛遞公司 FEDERAL EXPRESS CORPORATION 在美國或
其子公司在其他國家擁有之註冊商標或商標。

- （8）FIAT 飛雅特

  國籍：義大利

  產品：汽車

  介紹：擁有百年歷史的品牌，傳統上汽車水箱護
  罩或車蓋上的標誌總是圓形或橢圓形，
  FIAT 於 1968 年即導入斜方形模組化的識別
  形象，很容易使用在各種應用項目上，形
  成統一的基調；近年來流行復古風，圓形
  的標誌又重新被使用。

FIAT® 為飛雅特集團行銷及法人通訊股份有限公司 FIAT GROUP
MARKETING & CORPORATE COMMUNICATON S.P.A. 在義大利或其子
公司在其他國家擁有之註冊商標或商標。

- （9）FUJITSU 富士通

    國籍：日本

    產品：電腦、綜合電器產品

    介紹：原本的標誌很普通，經 Praxis 原田進巧妙地
    　　　將j與i字上之兩點轉化為無限大的符號，象
    　　　徵富士通無限擴大的服務，更有追求永續
    　　　經營的願景。

　→　

　　　FUJITSU® 為富士通股份有限公司 FUJITSU LIMITED 在日本或其子
公司在其他國家擁有之註冊商標或商標。

- （10）Glico 江崎

  國籍：日本

  產品：食品

  介紹：運動員舊標誌很令人懷念，傳達了食品給
  人的健康形象，新標誌流暢的線條含著對
  自家品牌 Pocky 餅乾棒的巧克力聯想，除
  了健康更有美味好吃的意念。

　　Glico® 為江崎固力斷股份有限公司在日本或其子公司在其他國家擁
有之註冊商標或商標。

- （11）HCG 和成

    國籍：台灣

    產品：陶瓷、衛浴產品

    介紹：和成是國內衛浴設備的龍頭，與其在標誌
    中展示地球，不如導入更國際化的 HCG 品
    牌，並逐漸將形象由厚實沉穩轉變成尖端
    前進，發展涵蓋一切居家設備的事業體。

    HCG® 為和成欣業股份有限公司在中華民國或其子公司在其他國家
擁有之註冊商標或商標。

- （12）HITACHI 日立

    國籍：日本

    產品：電腦、綜合電器產品

    介紹：舊「日立」字樣標誌是個歷史象徵，尤其在台灣使用度更高，原有字體已具現代感，新字體主要調整 A 字寬度與加大 C 字缺口，使視覺感更完善。

HITACHI® 為日立製作所股份有限公司 HITACHI LTD. 在日本或其子公司在其他國家擁有之註冊商標或商標。

- （13）IBM 萬國事務機器

    國籍：美國

    產品：電腦、科技

    介紹：世界第一的藍色電腦巨人，從 1956 年由
    Paul Rand 導入文字標誌，1978 年統一為 8
    條或 13 條線的式樣，是被津津樂道的經
    典作品，透過無數的電腦對現代企業影響
    甚大。

IBM → **IBM**

    IBM® 為萬國商業機器公司 INTERNATIONAL BUSINESS MACHI-
NES CORPORATION 在美國或其子公司在其他國家擁有之註冊商標或
商標。

- （14）伊奈製陶→INAX

  國籍：日本

  產品：陶瓷、衛浴設備

  介紹：INA 原為磁磚廠，為界定未來新事業範疇
  將公司名由伊奈製陶變更為 INAX，輔助
  文字標誌的空間色帶傳達INAX 從磁磚的
  脫出和創造環境美的新事業範疇。

　　INAX® 為伊奈股份有限公司在日本或其子公司在其他國家擁有之註冊商標或商標。

- （15）ISSEY MIYAKE 三宅一生

  國籍：日本

  產品：服飾、家居用品

  介紹：當三宅一生未揚名國際之前，需要如舊標誌具特別的造型設計，但只要說到 ISSEY MIYAKE 就已經無人不曉時，松永真創作一個符合 ISSEY MIYAKE 品味的新標誌，只用很單純的字體，呈現有力量又新鮮的表情。

ISSEY MIYAKE® 為三宅設計事務所股份有限公司 KABUSHIKI KAISHA MIYAKE DESIGN JIMUSHO（D/B/A MIYAKE DESIGN STUDIO）在日本或其子公司在其他國家擁有之註冊商標或商標。

- （16）ISUZU

  國籍：日本

  產品：汽車

  介紹：舊標誌不強調品牌名，符號卻像 Y 字，新
  標誌由桑山彌三部設計，運用左右相反的
  S、Z 字與圓角處理，設計成一個整體。

 → **ISUZU**

　　ISUZU® 為五十鈴汽車股份有限公司 ISUZU JIDOSHA KABUSHIKI KAISHA（ALSO TRADING AS ISUZU MOTORS LIMITED）在日本或其子公司在其他國家擁有之註冊商標或商標。

- （17）KENWOOD

    國籍：日本

    產品：音響

    介紹：將 TRIO 及 KENWOOD 兩個名稱統一，
    保留年輕化的 KENWOOD，新標誌正中
    央 W 字配置倒三角形，卻有一種上升力
    道，並集中視覺於中央，三角亦象徵三個
    人開創的 TRIO 公司。

KENWOOD® 為 JVC 建伍股份有限公司 JVC KENWOOD CORPORA-
TION 在日本或其子公司在其他國家擁有之註冊商標或商標。

- （18）KIKKOMAN 龜甲萬

  國籍：日本

  產品：醬油、食品

  介紹：提告醬油就會想到龜甲萬，舊標誌仍必須在醬油上使用，新字體輔以線條，三個 K 字筆劃向下延伸，讓人不禁聯想豆子生根，man 三個字使用小寫，除增添獨特感更強調「萬」的字音。

　　KIKKOMAN® 為龜甲萬股份有限公司在日本或其子公司在其他國家擁有之註冊商標或商標。

- （19）KIRIN麒麟

  國籍：日本

  產品：啤酒、飲料

  介紹：如同龜甲萬般，麒麟啤酒的麒麟圖騰在啤酒上仍有傳統地位，新標誌則對應多角化的新事業，KIRIN 每一字母均呈現穩重的豎筆劃莖幹，KRN 又具柔和的字尾部造型。

 →

KIRIN® 為麒麟控股股份有限公司 KIRIN HOLDINGS KABUSHIKI KAISHA（ALSO TRADING AS KIRIN HOLDINGS CO., LTD.）在日本或其子公司在其他國家擁有之註冊商標或商標。

- （20）LOTTE

    國籍：日本

    產品：食品

    介紹：羅德食品涵蓋餅乾、糕點、糖果等，並經
    營 LOTTERIA 儂特利漢堡速食店，新標誌
    由片假名音的 LOTTE 變更為英文，藉中
    央挑高的E字讓視覺中心上移。

LOTTE® 為樂天股份有限公司 LOTTE CO., LTD. 在日本或其子公司
在其他國家擁有之註冊商標或商標。

- （21）MEIJI 明治乳業

    國籍：日本

    產品：食品、飲料

    介紹：明治乳業新標誌由五十嵐威暢設計，與明
    治製果之形象分離開來，M 字中應用三角
    形，在 90 年代形成一股風潮，而三角形
    經線條化又有不同的表情。

Meiji → *Meiji* → MEIJI

　　MEIJI® 為明治控股股份有限公司 MEIJI HOLDINGS CO., LTD. 在日本或其子公司在其他國家擁有之註冊商標或商標。

- （22）Microsoft 微軟

    國籍：美國

    產品：電腦軟體、科技

    介紹：從電腦軟體跨足入口網站、遊戲機，新字
    體不再尖銳、生硬，保有字字相連的印
    象，「o」字的切割有畫龍點睛的效果。

MICROSOFT → Microsoft

Microsoft® 為微軟公司 MICROSOFT CORPORATION 在美國或其子
公司在其他國家擁有之註冊商標或商標。

- （23）Mobil 美孚

  國籍：美國

  產品：石油製品

  介紹：Mobil 的飛馬是美國的經典標誌，捨棄不用亦需要膽識，新標誌早在1964 年由Chermayeff & Geismar 設計，強調具車輛意味的o 字，並有oil的音義，紅色象徵燃燒的能源，鮮明而簡潔有力，樹立現代設計的典範。

Mobil® 為艾克森美孚公司 EXXON MOBIL CORPORATION 在美國或其子公司在其他國家擁有之註冊商標或商標。

- （24）MUJI 無印良品

　　　國籍：日本

　　　產品：百貨零售

　　　介紹：無印良品是日本西友集團旗下的品牌，原名
　　　　　　稱是「無印」，但舊標誌卻是向令牌的「印
　　　　　　章」，不免矛盾，由中一光設計不誇張不炫
　　　　　　耀的新標誌，符合其國際的店舖行銷。

　　　MUJI® 為良品計畫股份有限公司 RYOHIN KEIKAKU CO., LTD. 在
日本或其子公司在其他國家擁有之註冊商標或商標。

- （25）Muratec 村田

  國籍：日本

  產品：事務機器

  介紹：MURATA 名稱太日本腔調，品牌變更為
  Muratec，刻意在 M 字上下工夫，字體傳
  達與消費者柔性的溝通。

Muratec® 為村田機械股份有限公司 MURATA KIKAI KABUSHIKI
KAISHA 在日本或其子公司在其他國家擁有之註冊商標或商標。

- （26）NEC 日本電氣

  國籍：日本

  產品：電腦、綜合電器產品

  介紹：光聽公司名稱日本電氣，再看舊標誌，會
  誤以為是老舊的國有企業，但 NEC 結合
  電腦與通訊的 C&C 理念，重塑高科技形
  象，新字體剛中帶柔，C 字橫線不做剛硬
  的水平，富細微的變化。

NEC → **NEC**

　　NEC® 為日本電氣股份有限公司在日本或其子公司在其他國家擁有之註冊商標或商標。

- （27）PIONEER 先鋒

    國籍：日本

    產品：影視、音響

    介紹：舊音叉標誌只傳達音響設備的形象，隨著
    家庭電影院設備的整合，新字體呈現領導
    娛樂的未來感，與品牌名先鋒相呼應。

PIONEER → (Ⓜ)**PIONEER** → *Pioneer*

　　PIONEER® 為百音玲股份有限公司在日本或其子公司在其他國家擁有之註冊商標或商標。

- （28）POLA寶露

  國籍：日本

  產品：化妝品

  介紹：舊標誌以 POLA 組合，如臉似花帶著古典
  風，新標誌以洗鍊的現代感與其他高價位
  品牌區隔，強調理性的購買。

 →

POLA® 為寶露化成工業股份有限公司在日本或其子公司在其他國家擁有之註冊商標或商標。

- （29）RICOH 理光

  國籍：日本

  產品：照相機、事務機器

  介紹：因應多元的情報產業，新字體用實心字與
  空心字形成對比，傳達數位化概念，是在
  所有的標誌中較為少見的設計。

RICOH → RICOH → RICOH

　　RICOH® 為理光股份有限公司 RICOH COMPANY LTD. 在日本或其
子公司在其他國家擁有之註冊商標或商標。

- （30）rotring

  國籍：德國

  產品：筆、文具

  介紹：繪圖針筆的發明取代了鴨嘴筆，因而針筆
  的代名詞非rotring莫屬，標誌中的雙環O
  字是該公司針筆末端蓋的造型，新字體切
  平、切齊使整體性更統一。

rotring → **rotring**

rotring®為聖福德股份有限公司SANFORD GMBH在德國或其子公司
在其他國家擁有之註冊商標或商標。

- （31）RYOBI

    國籍：日本

    產品：電動工具、印刷機、釣具

    介紹：利優比（原良明公司）舊標誌使用菱形紋
    章，很普遍的日式風格，後來Landor Asso-
    ciates設計了一個像R字又像箭頭的標誌，
    再由該公司內部修改成現今的新字體。

　　RYOBI®為利優比股份有限公司RYOBI LTD.在日本或其子公司在其
他國家擁有之註冊商標或商標。

- （32）Sanrio三麗鷗

  國籍：日本

  產品：玩具、娛樂

  介紹：提到Hello Kitty就容易聯想到她的出品公司
  Sanrio，舊標誌由對稱的S字形成愛心與禮
  物彩帶，新字體標誌則傳達多采多姿的遊
  園，o字被設計成愛心巧妙地延續形象。

 →

Sanrio®為三麗鷗股份有限公司SANRIO COMPANY LTD.在日本
或其子公司在其他國家擁有之註冊商標或商標。

- （33）SANYO三洋

    國籍：日本

    產品：電子、綜合電器產品

    介紹：三洋電機由類似National的印象，改變為象
    徵三字的符號，新字體標誌將視覺中心放
    在中央N字，向上向下的線條緊密將左右
    兩邊做視覺連結。

　　　SANYO®為三洋電機股份有限公司SANYO ELECTRIC CO., LTD.在日本或其子公司在其他國家擁有之註冊商標或商標。

- （34）SHARP夏普

  國籍：日本

  產品：電子、綜合電器產品

  介紹：以橢圓形來框住柔性字體很難表現SHARP
  的字意，因此發展出比較敏銳的字體，但
  龕在方塊中卻又形成壓迫感，最後選擇只
  使用字體標誌更顯大方。

  SHARP®為夏普股份有限公司SHARP KABUSHIKI KAISHA
ALSO TRADING AS SHARP CORPORATION在日本或其子公司在其
他國家擁有之註冊商標或商標。

- （35）SHISEIDO資生堂

  國籍：日本

  產品：化妝品

  介紹：長久以來資生堂的椿花標誌是「美」的
  象徵，國際化後將中文名變更為英文品
  牌，柔和的S字型調和其他直線的字母。

SHISEIDO®為資生堂股份有限公司SHISEIDO COMPANY, LIMITED
在日本或其子公司在其他國家擁有之註冊商標或商標。

- （36）SYM三陽機車

  國籍：台灣

  產品：機車

  介紹：國內三陽機車品由SANYANG變更涵意為
  Sanyang Motors的SYM新名稱，紅色的箭簇
  融合其中，強調前進的速度感。

 →

SYM®為三陽工業股份有限公司在中華民國或其子公司在其他國家
擁有之註冊商標或商標。

- （37）TOPPAN凸版印刷

    國籍：日本

    產品：印刷、設計

    介紹：凸版印刷很早就給們不只是印刷公司的形象，標誌由TP兩陽文字演變到象徵凸字的簡化圖形，新標誌則只用反白字，可與DNP有所區隔。

　　TOPPAN®為凸版印刷股份有限公司TOPPAN PRINTING CO., LTD.在日本或其子公司在其他國家擁有之註冊商標或商標。

- （38）TOSHIBA東芝

    國籍：日本

    產品：電腦、綜合電器產品

    介紹：東芝係由「東京芝浦電氣」簡化而來，早
    　　　期的花體字標誌一度也被國內大同所模
    　　　仿，經良好設計的長體字，既特殊又容易
    　　　識別。

 → **TOSHIBA** → **TOSHIBA**

　　TOSHIBA®為東芝股份有限公司KABUSHIKI KAISHA TOSHIBA在日本或其子公司在其他國家擁有之註冊商標或商標。

- （39）TOTO東陶

    國籍：日本

    產品：陶瓷、衛浴產品

    介紹：公司由東洋陶器變更為東陶機器，宣告事業由陶器再擴大，藉由相同「ＴＯ」字的重覆，很有視覺的張力。

Joyotoki → **TOTO**

TOTO®為TOTO股份有限公司TOTO LTD.在日本或其子公司在其他國家擁有之註冊商標或商標。

2000年後更新的品牌標誌

- （40）AC Delco

  國籍：美國

  產品：汽車保養

  介紹：原形象雖給人穩重感但隨時代演進顯得老
  舊與保守，新標誌呈現強勁的速度，A與
  D字母左上角的切割如畫龍點睛。

AC Delco → **ACDelco**

AC Delco®為通用汽車公司GENERAL MOTORS CORPORATION在美
國或其子公司在其他國家擁有之註冊商標或商標。

- （41）acer宏碁

    國籍：台灣

    產品：電腦、科技

    介紹：宏碁最早乃使用Multitech為科技業常見的
    品牌名稱，但產品要外銷就有了問題，更
    名為Acer後使形象大幅提升，而近年來在
    Landor Associates的協助下又重塑形象，突
    出感性的訴求。

♥Multitech → ACER ◈ → acer

acer®為宏碁股份有限公司ACER INCORPORATED在中華民國或其子
公司在其他國家擁有之註冊商標或商標。

- （42）AJINOMOTO味之素

    國籍：日本

    產品：飲料、食品

    介紹：味之素以近似無限大符號的A字形象取代
    由Sual Bass所設計的「a」字標誌，但三角
    形已被使用過度，亦不適合食品業，於是
    又調整較柔和的A字造型，並將J字下降符
    合字體習慣。

AJINOMOTO®為味之素股份有限公司AJINOMOTO CO., INC.在日本
或其子公司在其他國家擁有之註冊商標或商標。

- （43）Barbie芭比娃娃

  國籍：美國

  產品：玩具、文具

  介紹：芭比娃娃伴隨全世界的小女孩成長，不僅
  造型隨時代的腳步現代化，其形象毅然，
  不退流行。

Barbie®為美藝玩具股份有限公司MATTEL INC.在美國或其子公司在其他國家擁有之註冊商標或商標。

- （44）BURGER KING漢堡王

  國籍：美國

  產品：漢堡、食品

  介紹：漢堡王或許因品牌名的緣故，不免需呈現
  出漢堡圖像，新標誌刻意年輕化，比較花
  俏、繁複，太重設計技巧的表現。

BURGER KING®為漢堡王股份有限公司BURGER KING CORPORA-
TION在美國或其子公司在其他國家擁有之註冊商標或商標。

- （45）CITIBANK花旗銀行

  國籍：美國

  產品：金融

  介紹：花旗銀行新標誌卸除類似SPALDING（體育用品）的十字星符號，圓弧線強調廉結感，並與「t」自反映出CITIGROUP所使用的雨傘形象。

　　CITIBANK®為花旗集團公司CITIGROUP INC.在美國或其子公司在其他國家擁有之註冊商標或商標。

- （46）Combi康貝

    國籍：日本

    產品：嬰幼兒產品

    介紹：舊標誌延伸橢圓的重複視覺，形象大眾
    化，新標誌則有細緻、高價格感，「i」字
    上圓點之設計向右延伸，如想表現嬰幼兒
    抽象造型，則其效果不彰。

COMBI//// → Combi

　　Combi®為康貝股份有限公司COMBI CORPORATION在日本或其子公
司在其他國家擁有之註冊商標或商標。

- （47）FAREASTONE遠傳

  國籍：台灣

  產品：電信通訊

  介紹：運用陰陽文字搭配的技巧，新標誌強調英
  文名稱及增加箭矢圖像，傳達電訊服務的
  無遠弗屆。

FAREASTONE®為遠傳電信股份有限公司FAREASTONE TELECOM-
MUNICATIONS CO., LTD.在中華民國或其子公司在其他國家擁有之註冊
商標或商標。

- （48）JAL日本航空

    國籍：日本

    產品：空服運輸

    介紹：Landor Associates所設計的JAL形象，曾名
    噪一時，於合併JAS後再重塑新形象，以A
    字中翻轉飛升的弧線寓意飛航的服務。

　　JAL®為日本航空公司JAPAN AIRLINES CO., LTD.在日本或其子公司
在其他國家擁有之註冊商標或商標。

- （49）Levi's

  國籍：美國

  產品：服飾

  介紹：舊標誌外型是牛仔褲口袋上的車縫線，已
  不適合多樣化的服飾事業，新的直式標誌
  雖較難辨識，但突顯差異化，又與服飾上
  車縫之品牌布條產生密切連結。

Levi's ®為利惠公司LEVI STRAUSS & CO.在美國或其子公司在其他
國家擁有之註冊商標或商標。

- （50）Mead Johnson美強生

    國籍：美國

    產品：營養品

    介紹：隸屬於Bristol Myer必治妥貴寶集團的美強
    　　　生，舊標誌之陰字與陽字搭配很巧妙，新
    　　　字體標誌以雙弧線形成頭尾的連結，富動
    　　　態的時代感。

Mead Johnson®為美強生責任有限公司MEAD JOHNSON & COM-PANY LLC.在美國或其子公司在其他國家擁有之註冊商標或商標。

- （51）Nikon日本光學工業

    國籍：日本

    產品：光學、照相機

    介紹：經龜倉雄策修訂字體後，Nikon高品質形象
    　　　已確立，最近原標誌上加了光動的輔助圖
    　　　形，構成新的識別，宣告進入嶄新的時代。

　　　Nikon®為尼康股份有限公司NIKON CORPORATION在日本或其子公司在其他國家擁有之註冊商標或商標。

- （52）Pizza Hut 必勝客

    國籍：美國

    產品：餐飲

    介紹：必勝客遊披薩專門店擴展成為家庭餐廳，
    新標誌保留紅色與屋頂（雖然像帽子），
    同時也增加新色彩與活潑筆觸。

Pizza Hut®為庇薩屋國際公司PIZZA HUT INTERNATIONAL LLC.在
美國或其子公司在其他國家擁有之註冊商標或商標。

- （53）OSIM

  國籍：新加坡

  產品：健身器材

  介紹：原標誌有科技公司的影子，隨著亞洲市場
  的拓展，建構全方位的保健器材形象，重視
  產品設計，連賣場也比傳統業者的更有型。

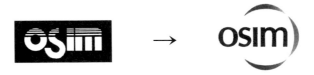

OSIM ®為傲勝國際有限公司OSIM INTERNATIONAL LTD.在新加坡
或其子公司在其他國家擁有之註冊商標或商標。

- （54）SAMPO聲寶

    國籍：台灣

    產品：綜合電器產品

    介紹：聲寶從模仿SHARP的字體到建立自己的
         形象，其間有經Landor Associates設計的標
         誌，似乎太秀氣，最新的標誌強調中間的
         M字人形，卻稍微太男性化。

SAMPO → SAMPO → **SAMPO**

SAMPO®為聲寶股份有限公司SAMPO CORP.在中華民國或其子公司在其他國家擁有之註冊商標或商標。

- （55）SUNSTAR三詩達

  國籍：日本

  產品：口腔保健用品

  介紹：從日星之白與黑分明標誌，過渡到難辨識
  的字體，還好新標誌做了修正，輔以象徵
  口腔保健用品微笑感的弧線。

SUNSTAR®為日星股份有限公司SUNSTAR INC.在日本或其子公司在
其他國家擁有之註冊商標或商標。

- （56）TECO東元

    國籍：台灣

    產品：綜合電器產品

    介紹：相較於標誌的剛硬，新標誌強調圓形的
    「O」字，紅色旋轉線條直接聯想馬達、
    渦輪葉片，只不過對其他事業未必適合。

　　TECO®為東元電機股份有限公司TECO ELECTRIC & MACHINERY
CO., LTD.在中華民國或其子公司在其他國家擁有之註冊商標或商標。

- （57）TOMY

    國籍：日本

    產品：玩具

    介紹：從小孩子玩具的形象中脫出，以智慧的藍
          色取代紅色，不只是玩玩具的單向熱情而
          已，更將玩具注入生命，強調人與玩具的
          互動。

TOMY → **TOMY**

　　TOMY®為多美股份有限公司TOMY COMPANY LTD.在日本或其子公司在其他國家擁有之註冊商標或商標。

- （58）UPS優比速

    國籍：美國

    產品：快遞貨運

    介紹：Paul Rand設計的舊標誌，給人收到禮物的
    驚喜，新標誌只保留盾牌造型，強調整合
    運送的效率。

UPS®為美國聯合包裹服務公司UNITED PARCEL SERVICE OF AME-
RICA INC.在美國或其子公司在其他國家擁有之註冊商標或商標。

- （59）Wyeth惠氏

  國籍：美國

  產品：營養品、藥品

  介紹：近來許多藥廠合併擴大，以提升競爭力，
  Wyeth從現代的尖銳圖形演變到可信賴
  的、有歷史的形象，比較四平八穩一些。

Wyeth®為惠氏有限公司WYETH LLC.在美國或其子公司在其他國家擁有之註冊商標或商標。

注重品牌經營方能永續發展

　　每天都有舊形象隱退、新形象被創造，畢竟無法時時做更新記載，只求掌握一個大趨勢；而許多國內企業以為使用英文品牌名稱的趨勢就能有國際化形象，如不重視品牌之視覺與經營，根本不可能達成。因此，要避免品牌落得曇花一現的命運，唯有大老闆們與消費者和時代同時進步。

第4章

風格體驗

　　現在是體驗行銷的時代，風格塑造、競異、遞嬗之後，為了要讓風格深入人心，進行體驗的行為是必要的動作。

　　隨著生產工具的精進，以及訊息流動的快速性，人類的生活環境改變速度相當快，過去從農業、工業、服務的經濟模式演進，發展至現在則是體驗的時代，其各項型態的更迭與內容請見下表[1]：

---

[1]　夏業良、魯煒（譯）（2003）。**體驗經濟時代**（原作者：B. Joseph Pine II & James H. Gilmore）。台北市：經濟新潮社出版（原著出版年：1999），頁37。

經濟產物	初級產品	商品	服務	體驗
經濟模式	農業	工業	服務	體驗
經濟功能	採掘提煉	製造	提供	展示
產物的性質	可替換的	有形的	無形的	難忘的
主要特徵	自然的	標準化的	客製的	個性化的
供給方式	大批儲存	生產後庫存	按需求配送	在一段時間內展示
賣方	交易商	製造商	提供者	展示者
買方	市場	使用者	客戶	客人
需求要素	特點	特色	利益	獨特的感受

你可以說現在是「客製化」的年代，因為市場分眾區隔的關係，現在也是特別重視消費者感受的年代。讓消費者體驗產品，成了顯學。體驗，不外乎就是以商品為表演的道具，用服務當作舞台，讓消費者身處其中，獲得一次難忘的經歷。每一次體驗都可以視為一個事件，一個由個人以個性化的方式參與其中的事件，雖然這個事件在一瞬間就消失了，但是這種體驗的價值會給消費者留下深刻印象。例如父母親利用假日帶孩子去迪士尼樂園玩，主要的並不是「玩」這件事，而是希望能為全家或親子之間共享並留下這令人難忘的經歷。體驗觸摸不到，無法量化，但是所感受到的價值就在消費者的心中，歷久不衰。

　　在「風格塑造」章節內曾提到風格就是「有意圖的溝通」，而「風格體驗」也可稱為「有意圖的表演[2]」，將風格實際地演出才能夠讓消費者感受到風格塑造的原意，而創造體驗的重點只要使用「為了」兩字就能夠掌握演出的意圖。芭芭拉‧史翠珊咀嚼口香糖是「為了」證明她的外表不重要——重要的是她優美的音色；雅各體育場外的

---

[2]　夏業良、魯煒（譯）（2003）。**體驗經濟時代**（原作者：B. Joseph Pine II & James H. Gilmore）。台北市：經濟新潮社出版（原著出版年：1999），頁198。

表演者清掃大街，是「為了」表現出新的環境是乾淨、安全、舒適的，並且渴望復甦；那些在旅館大廳裡充滿活力的接待人員，是「為了」歡迎客人來到這個會發生重大事件的地方。[3]

　　思考如何將自身販售的商品增加體驗這個「事件」，讓消費者更能夠有深刻的感受，這是個有趣的課題。巴斯戶外世界專門店（Bass Pro Shops Outdoor World）、娛樂設備公司（Recreational Equipment, Inc.; REI）、卡貝拉（Cabela's）這些零售商，就是上述體驗中所需的用具（編者按：旅行者遊歷各式戶外歷險活動，如冰山旅行、熱氣球飛行、捕捉海雀等），並且領導流行，使他們的零售店面本身就成為一種體驗。巴斯把室外環境「搬」進室內；娛樂設備公司建造起一座55英呎高的小山，讓顧客攀登以測試他們的用具；卡貝拉則展出一座35英呎高、充滿各種野生動物標本的小山。為了增加顧客的體驗，製造商必須明確地設計他們的商品——實質上就是將商品體驗化，即使

---

[3]　夏業良、魯煒（譯）（2003）。**體驗經濟時代**（原作者：B. Joseph Pine II & James H. Gilmore）。台北市：經濟新潮社出版（原著出版年：1999），頁198-199。

對於很少涉足探險活動的顧客，也堅持這一點。[4]

1965年成立的PizzaExpress，至今在全英國各地已有286家分店，以及遍佈海外29個國家的連鎖店，一致性是該披薩連鎖店成功的關鍵，誠如餐廳總經理James Parsons所言：「無論是哪個階層的管理人員——無論是像我這樣，原本就是個相當資深的主管，或是個二十歲的助理，都得接受這樣的訓練。新人訓練過程與頭幾個星期的歷練十分重要，在餐廳第一線服務的人員更是關鍵所在，當你回想起自己在某一家餐廳的美好經驗，同時自問：那次經驗為何會深植於心中？其中原因通常都在於優質的服務。牛排的滋味有多好、披薩的味道有多香、或者餐廳的廁所有多乾淨——這些通常很容易就被遺忘，這些因素和服務比較起來，往往只能排到第二位，因為服務才是主要的關鍵所在。[5]」

悅榕飯店度假連鎖集團（Banyan Tree Hotels and Resorts）經常獲選為亞洲最佳度假飯店，同時也躋身全球最

---

[4]　夏業良、魯煒（譯）（2003）。**體驗經濟時代**（原作者：B. Joseph Pine II & James H. Gilmore）。台北市：經濟新潮社出版（原著出版年：1999），頁51。

[5]　郭菀玲（譯）（2003）。**不平凡的做法——體驗行銷新範例**（原作者：Andy Milligan & Shaun Smith編著）。新北市：哈佛企管（原著出版年：2002），頁17-18。

具創意的連鎖飯店之列，悅榕以「感官的聖地」為宣傳訴求，帶給旅客一種置身劇場的戲劇化感受，為了強化這樣的風格，他們做了一些實際的努力，誠如董事長何光平（Ho Kwon Ping）所言：「讓人有強烈的親近感與地域感，只要你一走進悅榕度假村，感覺就像進入一個特殊的世界，過去的種種煩惱全都在剎那間拋諸腦後，我們努力進行腦力激盪，討論一個客人從早晨到夜晚，能夠擁有哪些不同類型的經驗，而在塑造這些經驗的時候，我們多半會以自己設想的顧客需求為依據，……我們的「親密時刻套裝服務」，這是為夫婦兩人所設計的特別服務，通常夫妻雙方當中，有一方會暗中訂購，做為送給另一半的意外驚喜。訂購者會在他們外出吃晚飯以前，打電話通知我們，然後我們就會趁著他們不在的時候，進入別墅，將整個別墅徹底改頭換面，讓整個別墅充滿戲劇化的神奇效果。我們會在床上鋪上絲絨床單，在房間內各處點上五十枝蠟燭，再開上一瓶美酒，我們會把戶外的浴池放滿熱水，點上蠟燭，再放上一整盤各式各樣的芳香按摩精油，任君挑選，以及準備好毛巾等。等客人回到房間裡，就可以迎接這份難以置信的浪漫驚喜，盡情享受其中的種

種……[6]」的確，風格只是一個看似可望而不可及的「意象」，要實際地執行和「體驗」，才能夠將風格想要表達的「意象」傳達出來。

　　如同FCB模式，風格體驗也可以分為四種體驗模式：娛樂的、教育的、審美的、逃避現實的。如下圖[7]所示，體驗有兩個面向，一是考慮到消費者的參與程度，如聽交響樂的聽眾要是消極（passive）的參與，沒有互動但是並不影響表演；而參加手工藝品的製作就是積極（active）的參與，因為消費者的存在，直接影響了該體驗場合的經驗分享。另一面向是考量到消費者體驗的方式，一是吸收（absorption），意即透過讓人了解體驗的方式來吸引人的注意力；而另一端是沉浸（immersion），表示消費者便肉體或具體體驗的一部份。這兩者的差異在於，讓體驗「進入」客體，例如看電視，是消費者正在「吸收」體驗；如果是玩虛擬實體遊戲，就是客體「進入」體驗，則是消費者「沉浸」在體驗中。

---

[6]　　郭菀玲（譯）（2003）。不平凡的做法──體驗行銷新範例（原作者：Andy Milligan & Shaun Smith編著）。新北市：哈佛企管（原著出版年：2002），頁22-23。

[7]　　夏業良、魯煒（譯）（2003）。**體驗經濟時代**（原作者：B. Joseph Pine II & James H. Gilmore）。台北市：經濟新潮社出版（原著出版年：1999），頁72。

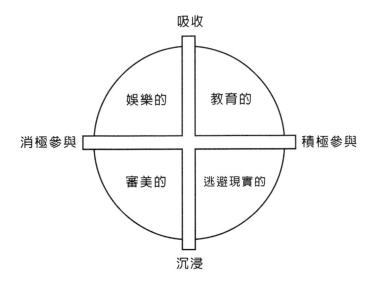

娛樂的　　　教育的

消極參與　　　　　　　　積極參與

審美的　　逃避現實的

吸收

沉浸

1. 娛樂的體驗：被動地透過感覺吸收體驗，如觀看演出、聽音樂和閱讀輕鬆讀物等。

2. 教育的體驗：消費者需要更多的積極參與，以確實擴展一個人的視野、增加知識的吸收。

3. 審美的體驗：消費者想到現場去，不做任何事情，但是沉浸在其中。例如參觀畫廊或博物館、坐在古蹟前面的咖啡館緬懷與沉思等。

4. 逃避現實的體驗：消費者完全沉溺於其中。例如在主題公園、賭場、虛擬實境、聊天室等，消費者參

與其中，但是會影響與現實環境的互動。

以上四種體驗模式並不是互不涉入的，例如「教育的」也可以增加「娛樂的」體驗，這種「教育娛樂」最佳的範例就是：在加州聖荷西（San Jose）一個占地28,000平方英呎，就做竹子島（Bamboola）的地方，就為10歲以下的小孩提供一種教育體驗，那是有助於智力開發的自發性遊戲。花8.95美元的門票（1-2歲半的孩子3.95美元，陪伴他們的大人僅收1.95美元），孩子們在叢林花園和沙地裡挖掘，尋找化石、人類遺跡、甚至整副的恐龍骨骼。他們穿著老式的衣服，自己在互動式的廚房裡準備食物。他們還要攀岩，玩各種各樣需要技巧的遊戲。蘭迪‧懷特（Randy White）是設計竹子島的密蘇里州堪薩斯城懷特哈奇森休閒與學習集團（White Hutchinson Leisure & Learning Group）的領導人，他告訴我們：「儘管竹子島充滿樂趣，但它真的是以某種方式幫助孩子運用創意來學習，每個遊戲場所都能提供多種學習體驗，例如從遊戲中學到數學概念、從迷宮圖中學到拼圖技巧、甚至從水盆裡學到物理定律。」[8]

夏業良、魯煒（譯）（2003）。體驗經濟時代（原作者：B. Joseph Pine II & James H. Gilmore）。台北市：經濟新潮社出版（原著出版年：

同理，逃避現實的體驗可否設計一些教育的體驗？讓消費者積極地沉浸之時，仍有教育的功能？教育性的虛擬實境、滿園都是設置益智性的玩具的主題樂園都屬之。

　　而審美的體驗是否可以增加娛樂的體驗，使得審美更添樂趣？

　　模糊四個體驗的界限，將可豐富體驗的內涵與經驗，消費者所獲得的感受將更多元，例如搭飛機看電影，現在更有娛樂系統以豐富長途旅行的娛樂性；購物中心也可以和鄰近的文化景點或古蹟結合，使商業貿易與文化融合在整個建築設計大計畫底下，消費者將可獲得獨特的審美經驗。

　　現代的風格體驗是多元的，尤其在這多元媒體的訊息洪流環境下，要設計具有說服力、表現的內容豐富的風格體驗，不能只有堅守一個模式，畢竟消費者也是使用全身的心理、生理（例如：五感）去感受的，我們所要呈現的體驗必須要有特殊性。當我們在設計「嶄新的」體驗時，以下的問題值得思考，並據以設計不一樣的體驗：

　　　1.為了提高體驗的審美感受，應當做些什麼？審美
　　　　感受就是使客人想進來、坐下和流連忘返的內心

1999），頁75-76。

感覺。想想你能做些什麼使環境更誘人、更有趣或更舒適？你要創造一種使客人感到「自由自在」的氛圍。

2.一旦客人已經在現場，他應當做些什麼？體驗的逃避現實面可以使客人進一步地被吸引，沉浸到他們的活動之中。假如客人成為體驗的積極參與者，就應該關心如何鼓勵客人「去做」。

3.體驗中具有教育意義的部分，就像逃避一樣，需要消費者積極參與。學習現在已廣為人們理解，它需要學習者全身全心的投入。你想讓你的客人從體驗中學到什麼？什麼樣的資訊或活動將幫助他們全心入對知識和技能的探索？

4.娛樂，就像審美一樣，是體驗中的消極面。當你的客人感到愉快時，他們並沒有做什麼，只是對體驗有所反應（比如說盡情享受、歡笑等等）。具有專業水準的演說家往往加入一些笑話，以引起聽眾的注意，使他們能體會演說的精髓。透過娛樂的方式，你能做什麼使客人「留下來」？怎樣做才會使

體驗更有趣和令人欣賞？[9]

　　在一個設定好的「風格」感覺大方向底下，所設計的體驗模式是否可以儘量涵蓋四個模式？這並不是說只要涵蓋四個體驗模式就保證成功，但是它卻有機會創造一個具有獨特性、差異性的體驗，讓消費者留下深刻印象，這也是風格體驗冀望達到的目標。

　　接下來要探討的就是風格體驗的技術性問題，直接與消費者的感覺互動的就是「五感」，五感如何設計？讓消費者在體驗的過程中切身感受到品牌風格想要傳達的意圖。

　　博報堂品牌設計[10]為品牌「自我風格」劃分了五個時期的變遷史：

第一期：

　　表面時期。一九八〇年代後半，流行CI企業識別，這些單純地變更公司名稱、開發新的商標等，就

9　　夏業良、魯煒（譯）（2003）。體驗經濟時代（原作者：B. Joseph Pine II & James H. Gilmore）。台北市：經濟新潮社出版（原著出版年：1999），頁86-87。

10　　鄭秀娟（譯）（2009）。五感品牌力：打造自我風格的品牌工程（原作者：博報堂品牌設計）。台北市：御書房（原著出版年：2006），頁74-80。

是屬於表層的範圍。這些令人耳目一新的商標可能會引起一時的話題，但是最終還是會被消費者遺忘。

第二期：

左腦時期。企業開始反省並關注品牌要賦予什麼意義，並思考品牌可以提供哪些價值，以及在社會上存在的意義為何，這些都是左腦思考的問題。

第三期：

右腦時代（一）關注個性。為了要差異化，這時開始為品牌發展出「個性」的氛圍，隨著品牌個性的開發，就產生了A公司展現「知性洗練」，而B公司則定義自己是「自由快樂」，兩種不同的氛圍，也直接改造了商品設計與廣告，以及公司工作環境與員工工作的氛圍。

第四期：

右腦時代（二）導入視覺。突顯品牌風格最直接有效的方法就是視覺與語言表現，使得品牌個性的差異化更為明顯。

第五期：

　　五感的時代。現在已經進入了五感的時代，我們都是透過五感來體驗世界，最常利用視覺獲取「眼睛看得到的資訊」，但是研究發現，視覺是五感中資訊傳達速度緩慢的感官，嗅覺的傳達速度比視覺快，而且嗅覺所獲得的資訊，更容易長久地殘留在記憶裡。面對當今品牌致力建立與消費者之間一種持續且穩定的「精神羈絆」，不應只是使用視覺，而是要動員全部的五感，做完整的品牌風格體驗工程。

　　要做到五感經驗的具體經驗，五感接觸點矩陣圖是一個不錯的方法，下圖即以飯店的預約開始，一直到返家的整個流程，在每一個品牌和顧客的接觸點上，以時間軸線為動線，想辦法創造出五感活動的具體創意。

圖　五感接觸點矩陣圖[11]

	五感體驗（感覺要素別）					
	視覺體驗	聽覺體驗	嗅覺體驗	觸覺體驗	味覺體驗	五感感覺發出的訊息
接觸點（體驗時間序） 旅遊指南／網路	+	+				特別感
旅行社入口／窗口接待	+	+			+	非日常、夢
旅行社或票／服務確認簡訊	+					興奮
票、優待券	+					興奮
建築外觀／正門	+	+	+	+		高級感
門房	+	+				安穩
櫃台	+	+		+		誠實
行李搬運員	+	+		+		優雅
電梯	+	+	+			優雅
走廊	+	+	+			優雅
客房	+	+	+	+	+	纖細、安心
餐廳	+	+	+	+	+	自然、寬裕
接駁車	+	+	+	+	+	滿足、回憶

[11]　鄭秀娟（譯）（2009）。五感品牌力：打造自我風格的品牌工程（原作者：博報堂品牌設計）。台北市：御書房（原著出版年：2006），頁155。

根據這個接觸點矩陣圖的設計，要創造出五感的風格體驗不是大問題，問題在於策略，要打造出什麼樣的風格才是重點，例如「感到駕駛汽車的愉悅」、「回到飯店就好像回到家裡的放鬆感」等，以自身的優勢條件找出風格的差異性與獨特性，大方向必須先確定，設立風格體驗的技術才能落實。

　　上述是以時間軸線的觀念設計五感體驗可以著力的各個關鍵環節，以求達到整體效果；另外，Schmitt & Simonson（1997）[12]就消費者在體驗時，產生印象的「觸媒」，整理出「整體印象的六個面向」如后：

　　時間：關於主題的、傳統的、當代的、未來的體現。

　　空間：城市／鄉村、東／西（或南／北）、家庭／企業、室內／室外的體現。

　　1. 技術：手工製作／機器製造、天然／人造的體現。

　　2. 真實性：原始／模仿的體現。

　　3. 質地：精製／粗製或奢侈／廉價的體現。

　　4. 規格：大／小主題的體現。

[12]　Schmitt, Bernd & Simonson, Alex（1997）. *Marketing aesthetics: the strategic management of brands, identity, and image.* New York: Free Press. p.172-185.

這份清單可以給我們一些實際的設計想法，從而創造出一些令人難忘的體驗。各個行業、各個產品所面臨的情況都不同，但是從以上兩大思維：時間進程與六大面向，無論是品牌風格體驗塑造、觀賞場地體驗設計、產品使用體驗等各個層面，都相當實際而實用。以醫院為例：

　　東傑佛遜綜合醫院（East Jefferson General Hospital）位於路易斯安那州密太瑞（Metairie），在紐奧良之外不遠處。執行長彼得・貝茲（Peter Betts）和他的行政小組重新定位了「溫暖、關懷、專業」的主題，並利用各種方式向病人傳達這三個主題印象。例如，佩戴寫明職位和等級的名牌，進病房先敲門等。不光是病人，家屬、牧師和其他探望者都清楚知道台上和台下的區別，台上是指他們能夠到達的區域，台下對於他們是禁區。醫院將令人不愉快的活動（諸如輸血）和「群體討論」限制在台下，而在台上精心修飾強化主題。最後，鑒於病人經常仰躺著活動，復健房內天花板上都佈置了壁畫；質地各異的地板代表不同的場所（例如休息室是木質地板，走廊和餐廳是石板，會議室是磨石子地板）。[13]

---

[13]　夏業良、魯煒（譯）（2003）。**體驗經濟時代**（原作者：B. Joseph Pine II & James H. Gilmore）。台北市：經濟新潮社出版（原著出版年：1999），頁106-107。

資訊技術相關的產品可不可以做「風格體驗」？讓產品變成是可以體驗的，是「使產品活起來」最有效的方法，它可以激發消費者的購買慾，透過體驗也可以滿足消費者的需求，同時也能讓消費者對該產品及品牌留下深刻的印象。

　　所以，風格的體驗就在於細節處。

　　在新車裡面增加一股「新車的味道」。

　　汽車開關門的聲音要特別講究，因為聲音比較好聽的車子賣得比較好。

　　製造咬下餅乾瞬間的那種清脆的「卡茲」聲，讓消費者覺得很好吃。

　　設計跑車和重型機車的「雄偉」引擎聲。

　　握起來就很舒服的傘把。

　　風格體驗不在於新奇新鮮，要追求的是一種在平凡之處有不平凡的創意，我們要追求的是吸引消費者花更多的時間流連其中；也就是說，任何一個具有說服力的體驗，是將娛樂、教育、逃避現實、審美含浸於平凡的空間當中，進而深深地烙印在消費者的腦海裡。所以，消費者為什麼願意來這裡？我們這個地方或品牌值得消費者花時間來參觀或前來購買嗎？消費者可以在這裡領悟到美的感受或其他的體驗嗎？自問自答幾個問題，一個獨特的風格體驗就會逐漸浮現出來。

風格體驗補實
——消費行為之極致，奢華式的體驗行銷

奢華（luxury），在《新世紀經典美語大辭典》第四版的定義為：1.非必要但能帶來愉悅及舒適的事物；2.昂貴或不易獲得的事物；3.奢侈的生活或周遭環境。在拉丁語luxuria的原意是「過剩」或「生活中額外之物」，這不是人類基本的生理需求，這是「衣食足」之後的消費行為。

以消費者為中心的奢華定義重視體驗、感受及奢華的個人面向。消費者對奢華的描述如下：

- 體驗奢華的方式是整體事物的一部分。一切成為一體。不只是一件奢華品的某個特別面向，而是如何體驗家庭奢華品或如何體驗個人奢華品。因此，這些奢華品都是可替換的，且均與體驗有關。

- 使用者決定品質。我們常把昂貴與品質聯想在一起，但兩者不必然完全一致——感官體驗、按摩、美味晚餐、旅遊、一件樂事、為自己所做的一件很特別的事，都是箇中範例。

- 一種心理狀態，能夠做到以前無法辦到的事。

- 奢華意指能過一種不需擔心金錢的日子。奢華不是指名牌，而代表舒適。若能隨意前往想去的地方，便是奢華。

- 對我而言，奢華不是必需品，而是特權。它是指能享有關於服務、時間或實物的特權。

- 最奢華的是有足夠時間去做任何想做的事，且負擔得起。

- 奢華是購買喜歡及想要的東西。隨心所欲做自己想做的事，感覺真好。[14]

奢華行銷、精品消費行為，在馬斯洛人類需求理論的架構裡，應該就落在最高層次「自我實現需求：個人理想實現」，或是前幾項的高層次需求，馬斯洛從最基本的生理需求到最高的自我實現需求，說明人類只有在較低的需求被滿足後，人們才會往較高的需求而努力。我們可以質疑馬斯洛對動機排序和它的定義，但是人們的某些需求強於其他需求的現象是無庸置疑的。馬斯洛在1970年修正原始構想，增加了知（Cognitive Needs）及美的需求（Aesthe-

---

[14]　馬志工（譯）（2003）。M型社會新奢華行銷學：征服消費者的11堂必修課（原作者：Pamela N. Danziger）。台北市：臉譜出版（原著出版年：2005），頁44-45。

tic Needs），這個階層需求理論被廣泛地應用於心理、教育、管理、醫學及矯治單位，用以解釋人們之行為。

　　較高層的需求不是必須性的，如自我實現和尊重需求，這些滿足可以被延遲，因為它們沒有獲得滿足時並不會造成任何危機；反觀較低層的需求，馬斯洛稱為「匱乏需求」（deficit needs），如果沒有獲得需求，將會對人體造成匱乏，甚至是生存危機。

```
┌──────────────────────────────────────┐
│ 自我實現需求：個人理想實現            │
│ Self-Actualization Needs: to find fulfillment │
│ and realize one's potential          │
├──────────────────────────────────────┤
│ 美的需求：對稱、排序與美麗           │
│ Aesthetic Needs: symmetry, order, and beauty │
├──────────────────────────────────────┤
│ 知的需求：想知道、瞭解、探索         │
│ Cognitive Needs: to know, understand, and explore │
├──────────────────────────────────────┤
│ 自尊需求：達成目的、能夠勝任、獲致公認 │
│ Esteem Needs: to achieve, be competent, and gain approval and recognition │
├──────────────────────────────────────┤
│ 愛與歸屬需求：與他人緊密聯繫、被接受與歸屬 │
│ Belongingness and Love Needs: to affiliate with others, to be accepted and belong │
├──────────────────────────────────────┤
│ 安全需求：感覺到安全、獲得安全、脫離危險 │
│ Safety Needs: to feel safe, secure, out of danger │
├──────────────────────────────────────┤
│ 生理需求：飢餓、口渴等               │
│ Physiological Needs: hunger, thist, etc. │
└──────────────────────────────────────┘
```

圖　馬斯洛人類需求理論金字塔

資料來源：歐姿妤等（2009）[15]

---

[15]　圖片擷取自歐姿妤等（2009）。以馬斯洛人類需求階層探究專科學生之需

最高層次的自我實現需求，意味著只有底下六種需求都被滿足後，才會顯現出這個最高需求，自我實現的需求在於「日益發展自我，變成一個人所能成為的一切事物的渴望」，已經擁有一切的人可以將自己的潛能極大化，追尋知識、寧靜、美學體驗、自我實現，和上帝成為一體等。雖然買奢侈品或是做奢華式體驗，並不需要將這樣的行為提升到這麼高的層次，但是它絕對不是因為生理的需求，為了生存而做的事情。在這裡只是要強調奢華式的體驗是為了要滿足消費者感性的體驗，或是可以達成消費者的理想或願望。

相對於價格昂貴的精品，體驗式的奢華讓更多人可以享受，每個人可以在五星級飯店的短期豪華假期、造訪當地的美術館或博物館，去滿足「自我實現」的個人獨特體驗。

所以，奢華式的體驗，或者說是奢華式的服務儼然成為下一波的產業趨勢，特別是身處於服務行銷的現代社會，2003年，總計奢華消費者曾購買一項或更多下列奢華體驗：餐飲和娛樂（52%）；旅遊（45%）；水療、美容

求。中等教育，60（2），67。該圖之資料來源取自Smith, E. E., Nolen-Hoeksema, S., Fredrickson, B. L., & Loftus, G. R.（2003）. Personality. *Introduction to Psychology*（14th Ed., pp. 478-479）. Belmont, CA: Thomson Learning.

和整型手術（18%）；景觀設計、園藝服務（10%）；家
居清潔及／或女傭服務，包括宴會規畫和外燴（10%）；
室內裝潢師或設計承包商（5%）。這些數據顯示，奢華消
費者購買了比個人奢華品更多的體驗式奢華——雖然體驗
式奢華體體購買發生率次於家庭奢華品。2003年，體驗式
奢華的購買發生率比2002年的62%上升了十個百分點。[16]

---

[16]　馬志工（譯）（2003）。M型社會新奢華行銷學：征服消費者的11堂必修
課（原作者：Pamela N. Danziger）。台北市：臉譜出版（原著出版年：
2005），頁157。

表　體驗式奢華支出收入區隔

單位：美元

品類	2003年	2002年	2003年 近富裕家庭	2003年 富裕家庭	2003年 超富裕家庭
體驗式 奢華總計	$9,020	$7,000	$4,418	$7,231	$14,007
娛樂	3,570	1,500	2,020	2,220	6,120
旅遊	8,230	5,000	4,090	5,580	13,770
水療、按 摩，美容	750	550	380	380	1,750
家居清潔	1,750	2,000	750	1,750	1,750
景觀設計*	3,750	2,500			
家庭裝潢*	7,500	5,000			

*回應數據太少，無法依收入區隔取得平均支出。

表　體驗式奢華市場潛力

品類	金額	市場占有率百分比（%）	2003年近富裕家庭	2003年富裕家庭	2003年超富裕家庭
娛樂和餐飲	42,325.4	28.5	11,829.1	12,332.1	18,164.2
旅遊	82,754.7	55.6	19,460.2	27,051.8	36,242.6
水療，美容	12,243.4	8.2	1,046.8	2,581.6	8,615.0
家居服務	11,402.9	7.7	1,022.4	3,307.8	7,072.8
總計	$148,726.4	100.0%	$33,358.5	$45,273.3	$70,094.6
市場佔有率百分比（%）			22.4%	30.4%	47.1%

越是富裕的人，需求奢華式體驗越大，這應該是在滿足精品消費之後，進而需求體驗式的奢華享受。如下表[17]可清楚看出，超富裕家庭所佔的比率，近乎市場的一半，這個趨勢可以預測，當人們滿足於物質欲望之後，精神與五感的需求必然隨踵而至。

　　如果從花費的金額來看的話，就可以知道這個市場規模有多大，如下表[18]所示，2003年超富裕家庭在奢華體驗花費的比例最高，佔總市場將近一半，約701億美元，其中以旅遊、娛樂和餐飲佔最大宗。

　　以台灣觀光風景區飯店之住率資料驗證，也可以呼應以上的奢華式體驗的趨勢。

　　以涵碧樓為例：涵碧樓是知名的精品級旅館，其每房萬元以上高價位的住房價格或許嚇退不少觀光客，但是根據觀光局行政資訊系統之「台灣區觀光旅館營運統計月報」顯示：涵碧樓在2011年整年的整年的住用率分別是：

風格四論：生活美學與形象競爭力

[17]　Ibid. 頁161。
[18]　Ibid. 頁162。

1月	2月	3月	4月	5月	6月	7月	8月	9月	10月	11月	12月
71.34%	81.21%	80.17%	82.12%	83.06%	83.02%	86.09%	82.06%	81.08%	85.25%	83.23%	85.18%

2010年整年的住用率如下：

1月	2月	3月	4月	5月	6月	7月	8月	9月	10月	11月	12月
66.20%	83.37%	81.55%	80.07%	不詳	81.04%	85.15%	89.05%	75.07%	80.75%	81.11%	82.16%

　　涵碧樓坐落於台灣知名景點日月潭旁，擁有住宿房客才可以看見的湖光美景，這曾經是蔣中正先生的避暑勝地，其所能提供的歷史臨場感、四季變換的景觀豐富感、房型設計與日月潭融合一體的視覺衝擊感，以及漫步於環湖道路享受森林浴的舒適感，都是遊客想要的奢華體驗，這兩年涵碧樓的住用率大多高於80%以上，顯見高檔消費的旅遊需求現象，在台灣也一體適用。

　　人生走一回，最後圖的是「難忘的回憶」，雖然深刻的回憶經驗不一定要高價，但是金錢的堆疊也可以創造畢生難忘的經驗，這也是奢華旅遊行銷逐漸熱門的原因之一。

根據美國運通白金奢華調查研究[19]顯示，消費者認為觀光、精緻餐飲、文化體驗式旅遊時的重要事項。從體驗型消費者的描述統計中也可以一窺其貌：

- 「我很珍視旅遊的時間，這是脫離每日例行公事的方法，可以獲得全新體驗。」（90%）

- 「我與家人或朋友一起時，使旅遊體驗變得很特別。」（85%）

- 「我試著以假期旅遊來慰勞自己的辛勤工作。」（81%）

- 「旅遊是讓我的生活更有意義的一種奢華。」（80%）

- 「旅遊時，我不要住在沒有自己家裡奢華和舒服的地方。」（76%）

- 「旅遊對我很重要，讓我更充實，成為更完整的人。」（76%）

- 「我認為旅遊是生活必需品。」（73%）

[19]　馬志工（譯）（2003）。M型社會新奢華行銷學：征服消費者的11堂必修課（原作者：Pamela N. Danziger）。台北市：臉譜出版（原著出版年：2005），頁166-167。

- 「旅遊時，我享受讓自己覺得受寵的特別待遇和服務。」（73%）

做奢華式體驗必須要仔細的設計，要從消費者的立場和角度來看待這些產品或服務，要想像消費者可以從購買這些產品或服務當中得到哪些感覺；反過來說，我們要給消費者哪些承諾？我們要如何設計，可以準確地傳達這個「有意圖的溝通」？

這就是為什麼有些旅行社特別設計一趟「戰地旅遊」，安排已經跑遍全世界各地的富豪或探險家進入正在交戰的戰地，您我可能覺得很無聊或很危險，可是如果從這些特定消費者的立場或期望來看就可以理解了。

從「風格競異」的差異化趨勢底下，這種奢華式的體驗儼然成為新的消費心理趨勢，消費者想要達到一種新的層次：更好的消費經驗、更豐富的娛樂感受，甚至是更深一層的意義，價格不一定要高價，但是體驗要升級！

Sheth et al.（1999）指出，產品與服務的情感性價值時常與美學有密切關係。即使是有形價值高或是功能性的產品，也時常擁有情感性價值。Vigneron & Johnson（1999）認為，奢華產品能提供消費者主觀性的無形利益。享樂性消費者於購買或使用奢華品牌時，重視奢華品牌所喚起的

感覺與情感作用，包括感官愉悅、美感以及興奮等。Vigneron & Johnson（2004）進一步指出，享樂性消費者預期透過消費奢華產品獲得感官滿足感與感官愉悅。追尋奢華之享樂性消費者主觀地認定奢華產品所擁有的情感利益及愉悅特性，並透過消費這些產品達到個人犒賞或滿足感。[20] 所以，無論是高價奢華，或是平價奢華，給予消費者異於平常的特殊美學體驗，是當前最重要的行銷任務。

星巴克咖啡的價格是高於其他咖啡店，但是其銷售量仍有不錯的成績，總有一些消費者在滿足基本「生理」需求之後，想要去享受更高一層次的體驗，有沒有高於星巴克的咖啡消費感受，當然有，每一層次的消費體驗總有「對的」消費者相呼應。我們也可以說這是「情境行銷」，塑造出獨特的環境氛圍，讓消費者不知不覺地「購買」它。

在思考各類的商品行銷，應用「奢華式體驗」或「情境行銷」，經常可以增強吸引魅力，在誠品書店裏面看書、在星巴克啜飲咖啡的感受即可知，更延伸性地著想，工藝品、水晶球、手錶、甚至一個咖啡杯，在靜態的產品

[20]　該段文字擷取自許筠娸（2008）。**特色民宿之顧客價值探索：世代與新奢華體驗觀點**。朝陽科技大學企業管理系碩士論文，頁9-10。

如何創造具有「動態感覺的」奢華式體驗？雖然這兩者之間沒有直接的互動關係，但是往這方向去思考，應該可以創造獨特的消費感受的。

作者曾經在德國法蘭克福的百貨公司，看到一組咖啡杯，其咖啡杯底和咖啡盤的中間貼上細絨布，這就產生了完全不一樣的使用經驗，一般的情況，我們喝完咖啡後，將杯子放在盤子上的那一當口，經常會聽到「喀」聲，因為是兩個陶瓷材質硬碰硬的衝擊感覺；但是如果將這兩個面都貼上細絨布，所產生的感覺是一種很貼心的「軟著陸」感受！作者就在那裏擺放幾次，那種感受真是無法形容。

一個簡單的產品也可以創造獨特的使用經驗，所以，如果從「風格體驗」的角度去思考與開發，應該可以開創出更多的美感經驗。

著作權聲明：

本書所引用的商標及產品名稱，其著作財產權和商標使用權皆屬於
各註冊公司所有，請尊重所有人智慧財產權及商標權應有之權利。

- BANDAI®為萬代股份有限公司KABUSHIKI KAISHA BANDAI
  （A.K.A. BANDAI CO., LTD.）在其日本或其子公司在其他國家
  擁有之註冊商標或商標。

- BRIDGESTONE®為普利司通股份有限公司BRIDGESTONE
  CORPORATION在日本或其子公司在其他國家擁有之註冊商標
  或商標。

- CATERPILLAR®為傑特匹力公司CATERPILLAR INC.在美國或
  其子公司在其他國家擁有之註冊商標或商標。

- Coca-Cola®為可口可樂公司THE COCA-COLA COMPANY在美
  國或其子公司在其他國家擁有之註冊商標或商標。

- DNP®為大日本印刷股份有限公司DAI NIPPON INSATSU KA-
  BUSHIKI KAISHA （ALSO TRADING AS DAINIPPON PRIN-
  TING CO., LTD.）在日本或其子公司在其他國家擁有之註冊商
  標或商標。

- EXXON®為艾克森美孚公司EXXON MOBIL CORPORATION在
  美國或其子公司在其他國家擁有之註冊商標或商標。

- FedEx®為飛遞公司FEDERAL EXPRESS CORPORATION在美國
  或其子公司在其他國家擁有之註冊商標或商標。

- FIAT®為飛雅特集團行銷及法人通訊股份有限公司FIAT GROUP
  MARKETING & CORPORATE COMMUNICATON S.P.A.在義大利或
  其子公司在其他國家擁有之註冊商標或商標。

- FUJITSU®為富士通股份有限公司FUJITSU LIMITED在日本或
  其子公司在其他國家擁有之註冊商標或商標。

- Glico®為江崎固力蘄股份有限公司在日本或其子公司在其他國家擁有之註冊商標或商標。
- HCG®為和成欣業股份有限公司在中華民國或其子公司在其他國家擁有之註冊商標或商標。
- HITACHI®為日立製作所股份有限公司HITACHI LTD.在日本或其子公司在其他國家擁有之註冊商標或商標。
- IBM®為萬國商業機器公司INTERNATIONAL BUSINESS MA-CHINES CORPORATION在美國或其子公司在其他國家擁有之註冊商標或商標。
- INAX®為伊奈股份有限公司在日本或其子公司在其他國家擁有之註冊商標或商標。
- ISSEY MIYAKE®為三宅設計事務所股份有限公司KABUSHIKI KAISHA MIYAKE DESIGN JIMUSHO（D/B/A MIYAKE DE-SIGN STUDIO）在日本或其子公司在其他國家擁有之註冊商標或商標。
- ISUZU®為五十鈴汽車股份有限公司ISUZU JIDOSHA KABUSHIKI KAISHA（ALSO TRADING AS ISUZU MOTORS LIMITED）在日本或其子公司在其他國家擁有之註冊商標或商標。
- KENWOOD®為JVC建伍股份有限公司JVC KENWOOD CORPO-RATION在日本或其子公司在其他國家擁有之註冊商標或商標。
- KIKKOMAN®為龜甲萬股份有限公司在日本或其子公司在其他國家擁有之註冊商標或商標。
- KIRIN®為麒麟控股股份有限公司KIRIN HOLDINGS KABUSHI-KI KAISHA（ALSO TRADING AS KIRIN HOLDINGS CO., LTD.）在日本或其子公司在其他國家擁有之註冊商標或商標。
- LOTTE®為樂天股份有限公司LOTTE CO., LTD.在日本或其子公

司在其他國家擁有之註冊商標或商標。

- MEIJI®為明治控股股份有限公司MEIJI HOLDINGS CO., LTD.在日本或其子公司在其他國家擁有之註冊商標或商標。

- Microsoft®為微軟公司MICROSOFT CORPORATION在美國或其子公司在其他國家擁有之註冊商標或商標。

- Mobil®為艾克森美孚公司EXXON MOBIL CORPORATION在美國或其子公司在其他國家擁有之註冊商標或商標。

- MUJI®為良品計畫股份有限公司RYOHIN KEIKAKU CO., LTD.在日本或其子公司在其他國家擁有之註冊商標或商標。

- Muratec®為村田機械股份有限公司MURATA KIKAI KABUSHIKI KAISHA在日本或其子公司在其他國家擁有之註冊商標或商標。

- NEC®為日本電氣股份有限公司在日本或其子公司在其他國家擁有之註冊商標或商標。

- PIONEER®為百音玲股份有限公司在日本或其子公司在其他國家擁有之註冊商標或商標。

- POLA®為寶露化成工業股份有限公司在日本或其子公司在其他國家擁有之註冊商標或商標。

- RICOH®為理光股份有限公司RICOH COMPANY LTD.在日本或其子公司在其他國家擁有之註冊商標或商標。

- rotring®為聖福德股份有限公司SANFORD GMBH在德國或其子公司在其他國家擁有之註冊商標或商標。

- RYOBI®為利優比股份有限公司RYOBI LTD.在日本或其子公司在其他國家擁有之註冊商標或商標。

- Sanrio®為三麗鷗股份有限公司SANRIO COMPANY LTD.在日本或其子公司在其他國家擁有之註冊商標或商標。

- SANYO®為三洋電機股份有限公司SANYO ELECTRIC CO.,

LTD.在日本或其子公司在其他國家擁有之註冊商標或商標。

- SHARP®為夏普股份有限公司SHARP KABUSHIKI KAISHA ALSO TRADING AS SHARP CORPORATION在日本或其子公司在其他國家擁有之註冊商標或商標。

- SHISEIDO®為資生堂股份有限公司SHISEIDO COMPANY, LI-MITED在日本或其子公司在其他國家擁有之註冊商標或商標。

- SYM®為三陽工業股份有限公司在中華民國或其子公司在其他國家擁有之註冊商標或商標。

- TOPPAN®為凸版印刷股份有限公司TOPPAN PRINTING CO., LTD.在日本或其子公司在其他國家擁有之註冊商標或商標。

- TOSHIBA®為東芝股份有限公司KABUSHIKI KAISHA TOSHIBA在日本或其子公司在其他國家擁有之註冊商標或商標。

- TOTO®為TOTO股份有限公司TOTO LTD.在日本或其子公司在其他國家擁有之註冊商標或商標。

- AC Delco®為通用汽車公司GENERAL MOTORS CORPORA-TION在美國或其子公司在其他國家擁有之註冊商標或商標。

- acer®為宏碁股份有限公司ACER INCORPORATED在中華民國或其子公司在其他國家擁有之註冊商標或商標。

- AJINOMOTO®為味之素股份有限公司AJINOMOTO CO., INC.在日本或其子公司在其他國家擁有之註冊商標或商標。

- Barbie®為美藝玩具股份有限公司MATTEL INC.在美國或其子公司在其他國家擁有之註冊商標或商標。

- BURGER KING®為漢堡王股份有限公司BURGER KING CORPO-RATION在美國或其子公司在其他國家擁有之註冊商標或商標。

- CITIBANK®為花旗集團公司CITIGROUP INC.在美國或其子公司在其他國家擁有之註冊商標或商標。

- Combi®為康貝股份有限公司COMBI CORPORATION在日本或其子公司在其他國家擁有之註冊商標或商標。
- FAREASTONE®為遠傳電信股份有限公司FAREASTONE TELE-COMMUNICATIONS CO., LTD.在中華民國或其子公司在其他國家擁有之註冊商標或商標。
- JAL®為日本航空公司JAPAN AIRLINES CO., LTD.在日本或其子公司在其他國家擁有之註冊商標或商標。
- Levi's ®為利惠公司LEVI STRAUSS & CO.在美國或其子公司在其他國家擁有之註冊商標或商標。
- Mead Johnson®為美強生責任有限公司MEAD JOHNSON & COMPANY LLC.在美國或其子公司在其他國家擁有之註冊商標或商標。
- Nikon®為尼康股份有限公司NIKON CORPORATION在日本或其子公司在其他國家擁有之註冊商標或商標。
- Pizza Hut®為庇薩屋國際公司PIZZA HUT INTERNATIONAL LLC.在美國或其子公司在其他國家擁有之註冊商標或商標。
- OSIM ®為傲勝國際有限公司OSIM INTERNATIONAL LTD.在新加坡或其子公司在其他國家擁有之註冊商標或商標。
- SAMPO®為聲寶股份有限公司SAMPO CORP.在中華民國或其子公司在其他國家擁有之註冊商標或商標。
- SUNSTAR®為日星股份有限公司SUNSTAR INC.在日本或其子公司在其他國家擁有之註冊商標或商標。
- TECO®為東元電機股份有限公司TECO ELECTRIC & MACHINERY CO., LTD.在中華民國或其子公司在其他國家擁有之註冊商標或商標。
- TOMY®為多美股份有限公司TOMY COMPANY LTD.在日本或

其子公司在其他國家擁有之註冊商標或商標。

- UPS®為美國聯合包裹服務公司UNITED PARCEL SERVICE OF AMERICA INC.在美國或其子公司在其他國家擁有之註冊商標或商標。

- Wyeth®為惠氏有限公司WYETH LLC.在美國或其子公司在其他國家擁有之註冊商標或商標。

新美學　PH0086

新鋭文創
INDEPENDENT & UNIQUE

風格四論：
生活美學與形象競爭力

作　　者	原　來
責任編輯	蔡曉雯
圖文排版	郭雅雯
封面設計	陳佩蓉

出版策劃	新鋭文創
發 行 人	宋政坤
法律顧問	毛國樑　律師
製作發行	秀威資訊科技股份有限公司
	114 台北市內湖區瑞光路76巷65號1樓
	電話：+886-2-2796-3638　傳真：+886-2-2796-1377
	服務信箱：service@showwe.com.tw
	http://www.showwe.com.tw
郵政劃撥	19563868　戶名：秀威資訊科技股份有限公司
展售門市	國家書店【松江門市】
	104 台北市中山區松江路209號1樓
	電話：+886-2-2518-0207　傳真：+886-2-2518-0778
網路訂購	秀威網路書店：http://www.bodbooks.com.tw
	國家網路書店：http://www.govbooks.com.tw

出版日期	2012年10月　初版
定　　價	240元

國家圖書館出版品預行編目

風格四論：生活美學與形象競爭力 / 原來著. -- 初版.
　-- 臺北市：新銳文創, 2012.10
　　面；　公分. --（新美學；PH0086）
　ISBN　978-986-5915-12-4（平裝）

1. 生活美學

180　　　　　　　　　　　　101016396

讀者回函卡

感謝您購買本書，為提升服務品質，請填妥以下資料，將讀者回函卡直接寄回或傳真本公司，收到您的寶貴意見後，我們會收藏記錄及檢討，謝謝！
如您需要了解本公司最新出版書目、購書優惠或企劃活動，歡迎您上網查詢或下載相關資料：http:// www.showwe.com.tw

您購買的書名：_____

出生日期：_____年_____月_____日

學歷：□高中 (含) 以下　　□大專　　□研究所 (含) 以上

職業：□製造業　□金融業　□資訊業　□軍警　□傳播業　□自由業
　　　□服務業　□公務員　□教職　　□學生　□家管　　□其它_____

購書地點：□網路書店　□實體書店　□書展　□郵購　□贈閱　□其他

您從何得知本書的消息？

　□網路書店　□實體書店　□網路搜尋　□電子報　□書訊　□雜誌

　□傳播媒體　□親友推薦　□網站推薦　□部落格　□其他_____

您對本書的評價：(請填代號　1.非常滿意　2.滿意　3.尚可　4.再改進)

　封面設計____　版面編排____　內容____　文／譯筆____　價格____

讀完書後您覺得：

　□很有收穫　□有收穫　□收穫不多　□沒收穫

對我們的建議：_____

_____

_____

_____

11466
台北市內湖區瑞光路 76 巷 65 號 1 樓

秀威資訊科技股份有限公司　　　收

BOD 數位出版事業部

．．

（請沿線對折寄回，謝謝！）

姓　　　名：_____　年齡：_____　性別：□女　□男

郵遞區號：□□□□□

地　　　址：_____

聯絡電話：(日) _____ (夜) _____

E - m a i l：_____